Durrenberger Vincent
Kitamura Ayako

Maestro 2

méthode de français

Editions Asahi

Introduction

Maestro 2 est le deuxième niveau de Maestro, une méthode spécialement conçue pour être utilisée dans le cadre scolaire japonais en présentiel ou à distance.

Afin de correspondre à la fois au système de semestre et au système de trimestre, Maestro 2 comprend 24 leçons de quatre pages, complétées par des activités de révision toutes les six leçons. La révision du niveau 1 (contenu grammatical Maestro 1) est intégré dans la progression durant les trois premières leçons et reste accessible grâce aux tableaux de grammaire disponibles en fin volume. Notez que Maestro est conçu pour une utilisation avec ou sans vidéo et peut ainsi être utilisé efficacement même dans les classes qui ne sont pas dotées d'équipement vidéo.

Maestro 2 s'utilise de manière linéaire. Chaque leçon commence par un exercice de compréhension globale (audio ou vidéo) : livre fermé, les étudiants visionnent (ou écoutent) le document vidéo et répondent aux questions. La compréhension fine se fait progressivement, après avoir étudié tous les points de grammaire et le vocabulaire, par un retour sur la vidéo et la lecture de la transcription. Dans Maestro 2, nous suivrons Nana, une jeune étudiante japonaise qui fait ses études en France à travers ses expériences diverses.

Maestro 2 donnera le maximum d'occasions d'utiliser le français en classe grâce à des activités diverses pour établir des éléments d'apprentissage ludique tout en développant les quatre compétences (écouter, lire, parler, écrire) de manière équilibrée. Durant la leçon, les étudiants sont invités à réfléchir sur les règles de grammaire ou de prononciation qu'ils doivent découvrir ou déduire par eux-mêmes en binôme et / ou en groupe.

La pratique de la phonétique, l'intonation et le rythme se font dans la première moitié du livre (leçons 1 à 12) dans la partie 「Focus」. Puis la réflexion se porte sur l'orthographe tout en pratiquant la prononciation de la leçon 13 à 23. « Le petit challenge », qui conclut les leçons, demeure une activité de réemploi qui donne à l'enseignant la possibilité de reprendre certains points de grammaire de la leçon à travers des textes, des activités de communication, des quiz ouvrant sur la culture française et francophone.

Maestro 2 dispose également d'une section toutes les six leçons pour étudier la France sous plusieurs aspects : sa géographie, son cinéma, sa peinture, ses fêtes... Ces leçons présentées sous un format différent mobilisent toutes les compétences acquises en français pour accéder à un contenu culturel riche impliquant les étudiants dans une démarche de recherche et de partage d'informations.

Enfin, nous tenons à remercier Toshiyuki Yamada et Mana Ishii des Editions ASAHI pour leur soutien, et pour nous avoir donné la possibilité de publier ce deuxième volet de Maestro.

はじめに

Maestro 2 は、フランス語の授業を週に 2 回 1 年間受けた、中級レベルの学習者を対象としています。楽しみながら実践フランス語を身につけることを目的とした、対面授業とオンライン授業の両方で使用できる教材です。

教科書は 24 課からなり、各課は 2 回の授業で終えられるように作られています。セメスター制とクオーター制の両方に対応できるよう、6 課終了ごとに Bilan がついています。学習事項の確認と整理をし、更に Exprimez-vous で表現力を高めましょう。

毎年長期休暇の後、初級で学んだことを忘れて中級の授業に臨む学習者は少なくありません。そこで、Maestro 2 の初めの課では、Maestro 1 の復習を入れながら新しい文法項目や表現を無理のないペースで学習します。また、秋学期の初めにも春学期の復習のための課が準備されています。更に、巻末には Maestro 1 に出てきた文法のまとめを載せ、学習者が既習事項をいつでも確認し、復習できるようにしました。

各課は、Maestro 1 のスタイルを踏襲し、ビデオ（Dialogue）、文法、表現、発音、Le petit challenge から成っています。ビデオでは、日本人の主人公 Nana がフランスに留学し、ホストファミリーや友人と様々な経験をしますので、学習者の皆さんも Nana と一緒に見聞を広めてください。文法事項や表現、語彙は、単なる知識に留めないために、ペアワークやグループワークを多く準備し、授業中に使う機会を最大限増やしました。また、音の規則 1 つに焦点を当てて練習する Focus（1 課－11 課）や 1 つの音を聞いた時に考えられるつづり字を思い浮かべ、正しい書取りを目指す Dictée（13 課－23 課）で発音練習も行います。
Le petit challenge では、まとまった文章や資料を読んだり、文章を書く練習をし、その課で学習したことをより実践に近い形で使います。

更に Maestro 2 では、5 課終了ごとにフランスの文化や地理を学ぶ課を設けました。フランス語をツールとして使いながら、映画や絵画、お祭り、地方について学びます。authentique な内容を理解し、自分で調べた情報や内容をフランス語でクラスメートに教えることに挑戦します。

この教科書を使われる皆さんが、フランス語を学び、使う楽しみを実感し、異文化理解を深め、そしてフランス語の学習を継続したいと思われることを願っています。そして最後になりましたが、Maestro 1 に続き Maestro 2 を出版する機会を与えてくださいました朝日出版社の山田敏之氏と石井真奈氏に心から感謝申し上げます。

3

Table des matières

準拠 HP はこちら

https://text.asahipress.com/text-web/
france/maestro2/

1 L'arrivée

不規則動詞（復習）、人称代名詞の強勢形、否定疑問に答える

1 Dialogue

1a 本を閉じて会話を聞き、メモを取りましょう。
Livre fermé, écoutez attentivement et prenez des notes.
1-02

Julie : Nana…
Nana: Bonjour Julie !
Julie : Bonjour, tu vas bien ? Tu n'es pas fatiguée ?
Nana: Si un peu, mais ça va.
Julie : C'est normal. Le voyage est long, n'est-ce pas ?
Nana: Oui, au moins 12 heures.
Julie : 12 heures ? C'est un vol direct ?
Nana: Oui, heureusement.
Théo : Moi, c'est Théo. Bonjour.
Nana: Bonjour.
Julie : Vous venez ? C'est par là. Je prends ta valise.
Théo : Je prends ton sac à dos.
Nana: Merci. Oh ! Mon passeport…

1b 話題に上がっていたものをチェックしましょう。
Cochez les objets cités dans le dialogue.

une valise

un sac à main

un passeport

une carte d'étudiant

un billet d'avion

un sac à dos

1c 質問に答えましょう。
Écoutez et répondez aux questions.

1. C'est qui ?
2. C'est où ?
3. Le voyage dure combien de temps ?
4. À votre avis, Théo, c'est qui ?

2 不規則動詞 （復習）

2a 2人組で、動詞を口頭で活用させてから、表を埋めましょう。最後に p.110 で確認しましょう。
Par deux, récitez les conjugaisons des verbes ci-dessous puis complétez.

	ÊTRE	AVOIR	ALLER	PRENDRE	FAIRE	VOULOIR	SORTIR
je							
tu							
il / elle / on							
nous							
vous							
ils / elles							

2b 動詞の活用形を入れましょう。 *Complétez selon l'exemple.*

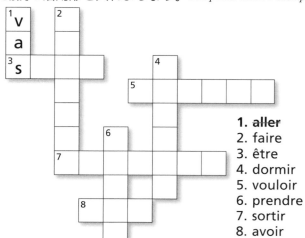

1. ~~aller~~
2. faire
3. être
4. dormir
5. vouloir
6. prendre
7. sortir
8. avoir

2c 指定された語彙を使って文を作りましょう。
Faites des phrases à partir des cartes ci-dessous.

être, ils, étudiants, français, de Paris	sortir, Léa et Luc, ensemble
faire, vous, du tennis, le samedi	vouloir, nous, un Mac
dormir, il, 8 heures	avoir, tu, 19 ans
aller, elle, où, cet été	prendre, tu métro, à la fac

2d （4人のグループで）2c の文を参考に、グループに自己紹介しましょう。
(Par groupes de 4) Utilisez les phrases de l'activité 2c pour vous présenter.

3 人称代名詞の強勢形

主語	je	tu	il	elle	nous	vous	ils	elles
強勢形	moi	toi	lui	elle	nous	vous	eux	elles

代名詞の強勢形は、以下の場合に使います。

1 強調、対比させる場合
→ **Elle**, elle est française. Mais **lui**, il est belge.

2 前置詞の後
→ Je ne veux pas travailler avec **eux**.
C'est à **moi**.

3 que の後
→ Bernard est plus grand que **moi**.

4 C'est の後
→ Ce n'est pas **moi**, c'est **lui**.

5 aussi, non plus の前
→ A : J'aime l'art moderne. B : **Moi** aussi.
→ A : Je n'aime pas le poisson. B : **Moi** non plus.

pause café

35万人近くの外国人留学生を受け入れているフランスは、世界でも有数の留学生受け入れ国です。

留学生の **46%** がアフリカから、**25%** がヨーロッパ、**16%** がオセアニア、そして **9%** がアメリカ大陸から来ています。

留学生の **70%** が大学で学び、そのうちの **37%** が医学を学んでいます。

3a 下線部に代名詞（主語の形もしくは強勢形）を入れましょう。
Complétez par un pronom sujet ou tonique.

1. _____ suis étudiante, mais _____, il est ingénieur.

2. - Ce cadeau, c'est pour Marianne ? - Oui, c'est pour _____.

3. - C'est votre manteau, madame ? - Non, ce n'est pas à _____.

4. _____ travaillons plus que nos voisins. _____ aussi, vous travaillez plus qu' _____, n'est-ce pas ?

5. - Sur la photo, c'est Loïc ? - Non, ce n'est pas _____, c'est son frère.

3b ペアの相手に質問しましょう。相手は、Moi aussi. か Moi non plus. を使って、必ず相手に同調します。
Répondez aux affirmations par « moi aussi » ou « moi non plus ».

1. Je suis jeune.
2. Je n'aime pas les cafards.
3. Je sors souvent le samedi.
4. Je ne dîne pas à 4 heures.
5. J'aime les vacances.

6. Le dimanche, je n'ai pas cours.
7. Je ne parle pas l'arabe.
8. Je n'ai pas 40 ans.
9. J'étudie le français.
10. Je ne vais pas au Brésil en juin.

Et toi ?

Moi non plus !

Moi aussi !

Moi aussi !

1

4 否定疑問に答える

4a 例を見て、oui, non, si の使い方の規則を完成させましょう。

Observez le fonctionnement de « oui, non, si » puis complétez la règle.

A : Tu es fatigué ?

B : **Oui**, je suis fatigué.
B : **Non**, je **ne** suis **pas** fatigué.

A : Tu **n'**es **pas** fatigué ?

B : **Si**, je suis fatigué.
B : **Non**, je **ne** suis **pas** fatigué.

Non ?

Si ?

OUI - NON - SI の使い方

1. 否定（ne ... pas）で答える場合、常に oui・non・si を使います。
2. 肯定疑問に肯定で答える場合は、oui・non・si を使います。
3. 否定疑問に肯定で答える場合は、oui・non・si を使います。

4b 下線部に、oui, non, si のいずれかを入れましょう。

Complétez par « oui, non, si ».

1. - Jean-François prend l'avion ? - _____, il prend l'avion.

2. - Luc ne voyage pas souvent ? - _____, il ne voyage pas souvent.

3. - Tu ne vas pas en Europe ? - _____, je vais en Europe, mais pas en juin.

4. - Ce n'est pas un vol direct ? - _____, c'est un vol direct.

1-03

4c 質問を聞き、oui, non, si で答えましょう。

Écoutez des questions et répondez par « oui, non, si ».

4d 4c の質問を書き取りましょう。

Écrivez les questions que vous avez entendues.

1-03

4e 4d で書き取った質問をクラスメートにしましょう。聞かれた人は oui, on, si で答えます。

Posez les questions écrites de l'exercice 4d à vos camarades.

4f （3、4人のグループで）テーブルの上にたくさんの物を置き、誰の所有かを言いましょう。

Par 3 ou 4, disposez plusieurs objets sur la table et indiquez à qui ils appartiennent.

C'est à toi ?

Oui, c'est à moi.

Ce n'est pas à elle ?

Si, c'est à elle.

Ce n'est pas à vous ?

Non, c'est à elle.

«à» を忘れると意味が変わります。

C'est à moi.
＝私のです

C'est moi.
＝私です

8

5 Dites-le en français

下線部を入れ替えて、フランス語で言いましょう。*Traduisez en français et faites des variations.*

1. これは私のです。 ➜ _____

(var 1) 彼の (var 2) 私たちの (var 3) 君の (var 4) 彼らの

2. - 彼は疲れていないの？ - いや疲れています。 ➜ _____

(var 1) 満足 (var 2) 感じがいい (var 3) 頭が良い (var 4) 勇敢

6 Focus

6a イントネーションを真似てリピートしましょう。*Répétez en imitant l'intonation.*

1-04

平叙文では、イントネーションを下げます。最後の音節にアクセントがあり、長めに発音します。

C'est toi.
C'est par là.
C'est normal.
C'est difficile.

否定文の場合、pasを少し高く発音します。最後の音節は常に長めに発音します。

Ce n'est pas toi.
Ce n'est pas à toi.
Ce n'est pas normal.
Ce n'est pas difficile.

疑問文では、イントネーションをあげます。

C'est à toi ?

Ce n'est pas à toi ?

6b イントネーションは上がっていますか下がっていますか。*Écoutez et indiquez si la voix monte ou descend.*
1-05

Exemple : C'est par là ?

	Ex.	1	2	3	4	5	6	7
↗	☑	☐	☐	☐	☐	☐	☐	☐
↘	☐	☐	☐	☐	☐	☐	☐	☐

7 Le petit challenge

7a 読みましょう。
Lisez le texte.

Aujourd'hui, Paris-Tokyo, c'est facile. On prend l'avion, et hop ! On est à l'autre bout du monde. Chaque année, au moins 300 000 Français et 500 000 Japonais font le voyage pour le tourisme ou pour le travail.

Un peu d'histoire :
Ce vol Paris-Tokyo existe depuis novembre 1952. À l'époque, le voyage était long. Il durait au moins 50 heures et il y avait trois escales.
Depuis 1986, le Paris-Tokyo s'appelle « le vol Soleil levant ». C'est un vol sans escale et il dure seulement 12 heures.

7b 正しければ V (vrai)、間違っていれば F (faux) に丸をつけましょう。
Vrai ou faux.

1. Les Japonais vont en France seulement pour le tourisme.
V / F

2. Aujourd'hui, le vol Paris-Tokyo dure 12 heures. V / F

3. Le Paris-Tokyo s'appelle « le vol Soleil levant » depuis 1986. V / F

7c 答えましょう。 *Répondez aux questions.*

1. Combien de Français voyagent chaque année au Japon ?

2. Le vol Paris-Tokyo existe depuis combien de temps ?

3. Avant, le vol Paris-Tokyo durait combien de temps ?

1 Dialogue

1a 本を閉じて会話を聞き、メモを取りましょう。
Livre fermé, écoutez attentivement et prenez des notes.
1-06

Julie : Voici la chambre.

Nana : Qu'est-ce qu'elle est grande !

Julie : Oui, c'est une chambre de 20 mètres carrés. Elle a vue sur le fleuve. Elle est orientée au sud. Elle est agréable.

Nana : Le bureau est beau.

Julie : Ça s'appelle un secrétaire. Il est très ancien, il date du 19ᵉ siècle. Regarde, les tiroirs ferment à clé. Derrière toi, il y a une armoire murale. On l'ouvre comme ça.

Nana : C'est parfait.

Julie : Tu peux ranger tes livres sur les étagères à côté de la fenêtre. Et il y a une enceinte Bluetooth. Tu peux l'utiliser, si tu veux.

Nana : C'est fantastique ! J'adore cette chambre.

1b 聞こえたものをチェックしましょう。
Cochez les objets cités dans le dialogue.

un bureau   une armoire   un fauteuil   un tiroir

une commode   un tapis   un lit   des étagères

1c 部屋から何が見えますか。*Qu'est-ce qu'on voit de la chambre ?*

☐ le jardin ☐ la rue ☐ le fleuve ☐ la cour

1d 内容と合っていれば V (vrai)、違っていれば F (faux)をチェックしましょう。*Vrai ou faux.*

	V	F
1. La chambre fait 20m².	☐	☐
2. Le bureau est moderne.	☐	☐
3. Le bureau s'appelle *un secrétaire*.	☐	☐
4. Nana est contente de la chambre.	☐	☐

2 部屋の描写

1-07

2a 説明を聞き、部屋を見つけましょう。*Écoutez la description et trouvez le dessin.*

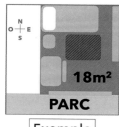
18m²
PARC
Exemple

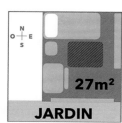
27m²
JARDIN
a

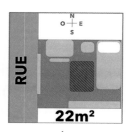
RUE
22m²
b

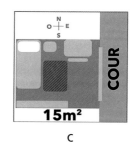
COUR
15m²
c

_____   _____   _____

Exemple : C'est une chambre de 18 mètres carrés. Elle est orientée au sud. Elle a vue sur le parc. Elle est agréable le matin.

2b 以下の表現を使い、2a の絵を見ながら部屋の説明をしましょう。
Utilisez les expressions ci-dessous et décrivez les dessins de l'exercice 2a.

> C'est une chambre de _____ m².

> Elle est orientée à _____ .

> Elle a vue sur _____ .

> Elle est agréable _____ .

2c 自分の部屋を描写しましょう。
Décrivez votre chambre.

3 -er動詞（復習）

（4人のグループで）以下のリストの語を使い、主語を入れ替えて、できるだけたくさんの文を作りましょう。

Formez des groupes de 4 personnes et faites le maximum de phrases à partir des mots ci-dessous en variant les sujets.

Exemple : Vous regardez un documentaire intéressant.

je	donner	la peinture	contemporaine
tu	regarder	la situation	économique
il / elle / on	fermer	un plat	intéressant
nous	manger	un tiroir	à clé
vous	étudier	un documentaire	italien
ils / elles	adorer	des informations	utiles

pause café

近年パリの家賃は高騰し、市内のアパルトマンは学生にはなかなか手が届かなくなりました。そのため学生はしばしばシェアハウスを余儀なくされています。

また、単身のお年寄りが非常に安い賃料で自宅の一部屋を貸し、その代わりに若者が掃除や買い物といったサービスを提供するという、双方にとってメリットのある新しい形態も増えています。

4 -er動詞の変形

4a リピートして、活用を覚えましょう。

Répétez et mémorisez la conjugaison.

1-08

APPELER		LEVER		PRÉFÉRER	
j'	appelle	je	lève	je	préfère
tu	appelles	tu	lèves	tu	préfères
il / elle / on	appelle	il / elle / on	lève	il / elle / on	préfère
nous	appelons	nous	levons	nous	préférons
vous	appelez	vous	levez	vous	préférez
ils / elles	appellent	ils / elles	lèvent	ils / elles	préfèrent

4b なぜje, tu, il, elle, on, ils, elles の活用では子音を重ねたり、**accent grave** を付ける必要があるのか考えましょう。

Pourquoi, selon vous, y a-t-il un doublement de consonne ou l'apparition d'un accent grave pour « je, tu, il, elle, on, ils, elles » ?

4c se promener, se lever, préférer, appeler の現在形の活用を練習してから、下線部に適切な形を入れましょう。

Répétez la conjugaison de « se promener, se lever, préférer, appeler » puis complétez le texte ci-dessous.

1. D'habitude, Marion _____ à sept heures.

2. Nous _____ souvent mais eux, ils ne _____ jamais.

3. J'aime l'art du 18ᵉ siècle, mais Thomas _____ l'art moderne.

4. - J'_____ un taxi ? - Oui, s'il te plaît.

11

2

5 感嘆文 Qu'est-ce que ... !

> Qu'est-ce que tu es gentil !

> Qu'est-ce que tu es belle !

5a 以下の文を感嘆文に書き換えましょう。
Mettez de l'emphase aux phrases ci-dessous.

1. Il est gentil.
2. Tu parles bien l'anglais.
3. Elle est sympathique.
4. Il fait chaud.
5. Vous chantez bien.
6. C'est beau.

5b 以下の形容詞を使って、感嘆文を作りましょう。
Faites des phrases selon le modèle à partir des éléments ci-dessous.

← 500 cm →

Qu'est-ce qu'il est long, ce canapé !

* long
* vieux
* moderne
* cher
* original
* léger
* lourd

1. 1787
2. 8000 euros — 1885
3. 5 kg — 1940
4. 1965
5. 2021
6. 150 kg — 2011

6 序数詞

1-09

6a リピートしましょう。
Répétez.

premier には女性形 première がありますが、deuxième 以降は男女同形です。
ただし、deuxième は second とも言え、女性形の seconde があります。

1er	premier	6^e	sixième
1ère	première	7^e	septième
2^e	deuxième	8^e	huitième
3^e	troisième	9^e	neuvième
4^e	quatrième	10^e	dixième
5^e	cinquième	21^e	vingt et unième

6b 序数詞を聞き取りましょう。
Écoutez et écrivez.

1-10
1. _____ 2. _____ 3. _____

4. _____ 5. _____ 6. _____

6c 5b の家具類を使って言いましょう。
Utilisez les éléments de 5b et dites des phrases.

Exemple : Le bureau date du 18e siècle.

7 Dites-le en français

下線部を入れ替えて、フランス語で言いましょう。*Traduisez en français et faites des variations.*

1. このベッドは19世紀のものです。 ➡ _____

（var 1）デスク、17世紀　（var 2）肘掛け椅子、20世紀　（var 3）洋服ダンス、21世紀

（var 4）じゅうたん、18世紀

2. 私の部屋は南に面しています。 ➡ _____

（var 1）台所は北に　（var 2）浴室は東に　（var 3）リビングは西に

（var 4）トイレは山に　（var 5）私の家は海に　（var 6）彼のアパルトマンは中庭に

8 Focus

以下の文を強調してリピートしましょう。*Répétez les phrases en faisant l'emphase.*

1-11

Qu'est-ce que tu es gentil !

1. Qu'est-ce qu'elle est gentille !
2. Qu'est-ce que tu parles bien !
3. Qu'est-ce que c'est beau !

Elle chante très bien !

1. Tu parles très bien !
2. Il est très lourd !
3. C'est très facile !

Le bureau est beau !

1. Ce tapis est vieux !
2. Cette armoire est grande !
3. Ce canapé est léger !

9 Le petit challenge

PARIS

9a パリの主要な建造物のリストです。いつ頃できて、どこにあるのかグループで調べましょう。そしてインターネットでどのようなものか確認しましょう。

Voici les principaux bâtiments et monuments parisiens. Formez des groupes et indiquez les dates de construction et où ils sont situés. Cherchez sur Internet et regardez à quoi ils ressemblent.

	DATE	ARRONDISSEMENT
L'Arc de Triomphe		
La tour Eiffel		
Le Sacré-Cœur		
L'Élysée		
L'église de la Madeleine		
La colonne Vendôme		
la fontaine Saint-Michel		
la gare Saint-Lazare		
l'opéra Garnier		
le jardin des Tuileries		
le jardin du Luxembourg		
le Grand Palais		

9b リンクにある、パリの50の名所から3ヶ所を選んで、写真や出来た年代などを調べてスライドを作成しましょう。そしてスライドをクラスの人に見せ、見せてもらった人は印象や感想などを言いましょう。

Voici une liste de 50 lieux incontournables de Paris. Choisissez trois lieux, trouvez des photos, des dates, et faites une présentation sur un ordinateur. Ensuite, présentez-la à vos camarades. Vos camarades doivent réagir. Ils donnent leurs impressions, leurs avis…

3 C'est gentil.

複合過去と半過去（復習）、avoir besoin de, avoir envie de

1 Dialogue

1a 本を閉じて会話を聞き、メモを取りましょう。
Livre fermé, écoutez attentivement et prenez des notes.
1-12

Julie : Tu as besoin de te reposer ?

Nana : Non, ça va. J'ai surtout envie d'une douche.

Julie : Bien sûr. Le voyage était fatigant. Tu as rangé tes affaires ?

Nana : Oui, mais je n'ai pas trouvé les serviettes de bain.

Julie : Elles n'étaient pas dans l'armoire ?

Nana : Dans l'armoire de ma chambre ? Je n'ai pas encore regardé. Oui, c'est bon ! Elles y sont.

Julie : Tiens, il y avait ces sacs à l'entrée. C'est bien à toi ?

Nana : Oui, ce sont quelques souvenirs du Japon. Tenez, c'est pour vous.

Julie : Pour moi ? Merci, c'est gentil.

1b 聞こえたものをチェックしましょう。
Cochez ce que vous avez entendu.

des produits de beauté · une douche · du shampooing

une baignoire · un savon · une serviette

1c 内容と合っていれば V (vrai)、違っていれば F (faux)をチェックしましょう。*Vrai ou faux.*

	V	F
1. Nana veut se reposer.	☐	☐
2. Nana a déjà pris une douche.	☐	☐
3. Nana a rangé ses affaires.	☐	☐
4. Nana a apporté des souvenirs du Japon.	☐	☐

2 複合過去と半過去（復習）

2a 例文を読み、過去形についての記述で、正しい答えを選びましょう。
Choisissez la réponse correcte.

過去形

- Je **suis allé** au marché ce matin.
- C'**était** magnifique.
- Quand Simon **est** venu, je n'**étais** pas là.

過去の行為や出来事は　複合過去形・半過去形

過去の状態、習慣、感想、出来事が起こった時のバックグラウンドは
　　　　　　　　　　　複合過去形・半過去形　を使います。

passé composé
= 複合過去形
imparfait = 半過去形
action = 行為
situation = 状態
habitude = 習慣

2b （4人のグループで）複合過去形にするときに、助動詞 être を使う動詞をできるだけ多く挙げましょう。どのグループが最も多く挙げられるでしょうか。
Formez des groupes de 4. Citez des verbes dont l'auxiliaire est « être » au passé composé.

2c 複合過去形を使って書き換えましょう。
Écrivez les phrases au passé composé.

1. Je voyage en Europe en août. ➜ _____

2. Nous prenons le bain le matin. ➜ _____

3. Mélanie arrive chez sa famille d'accueil. ➜ _____

4. Mes parents rentrent tard ce soir. ➜ _____

j'ai	fait
	pris
	acheté
je suis	allé (e)
	resté (e)
	arrivé (e)

2d ペアの相手と、先週の月曜日から日曜日に行ったことを言いましょう。

Formez des groupes de 2 et continuez la conversation en changeant les jours.

> Exemple : A : Qu'est-ce que tu as fait lundi ?
> B : Lundi, j'ai fait du tennis avec mes amis.
> A : Et mardi, qu'est-ce que tu as fait ?

2e （4人のグループで）半過去形の作り方を確認しましょう。

Formez des groupes de 4 et vérifiez la formation de l'imparfait.

半過去形の語尾は
すべての動詞で同
じです。

je fais**ais**
tu fais**ais**
il fais**ait**
nous fais**ions**
vous fais**iez**
ils fais**aient**

2f 絵を見て、それぞれの時刻に Bruno がしていたことを言いましょう。

Regardez les images et dites ce que Bruno faisait.

 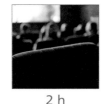   

midi   2 h   4 h   7 h   9 h   11 h

> Exemple :
> A : Qu'est-ce que Bruno faisait à midi ?
> B : À midi, il déjeunait avec son ami.
> A : Et entre 1 heure et 3 heures, qu'est-ce qu'il faisait ?

2g ペアの相手と、昨日していたことを言いましょう。半過去形を使いましょう。

Formez des groupes de deux puis posez des questions sur ce que vous faisiez hier. Utilisez l'imparfait dans la réponse.

> Qu'est-ce que tu faisais entre 10 heures et midi hier ?

> J'étais à l'université. J'assistais à un cours d'économie. J'étais avec Paul. Pourquoi ?

> Tu étais où ?

> Tu étais avec qui ?

> Pourquoi est-ce que tu n'étais pas chez toi ?

2h 以下の文を訳し分けましょう。

Traduisez les phrases ci-dessous en japonais.

1. Quand il a vu l'accident, il a téléphoné à la police.
   → _____ .

2. Quand il a vu l'accident, il téléphonait à Jean.
   → _____ .

pause café

フランスの浴室にあって、日本の浴室には
ないもの、それは gant de toilette。
　タオル地でできた長方形の袋のようなもの
で、中に手を入れて身体をこすって洗います。石
鹸をつける場合も、つけない場合もあります。
　だんだん使われなくなってきているとはい
え、様々な色や柄の gant de toilette はまだ
まだフランスの浴室に健在です。

3

3　avoir besoin de ～が必要だ

動詞の不定詞

J'ai besoin de partir tôt demain.

Tu as besoin de rester à la maison ?

Il a besoin de se reposer.

J'ai besoin de me reposer.

| avoir besoin de + | 動詞の不定詞 |
| | 名詞 |

名詞

Elle a besoin de temps.

Ils ont besoin d'un bon café.

> 代名動詞の再帰代名詞は、不定詞の場合でも主語に一致させます。
> **J'ai besoin de me laver.**
>
> 不特定のものの場合、冠詞は落とします。
> Il a besoin d'argent.

3a 結びつけましょう。
Associez les phrases ci-dessous.

1. Tu es fatigué.
2. Tu es faible en français.
3. Tu n'as pas d'argent.
4. Tu es trop gros.
5. Tu es malade.

a. Tu as besoin de faire un peu de sport.
b. Tu as besoin de te reposer un peu.
c. Tu as besoin de bien réviser.
d. Tu as besoin de travailler.
e. Tu as besoin d'aller chez le médecin.

3b 3a の文を半過去形に書き換えましょう
Réécrivez les phrases de l'activité 3a à l'imparfait.

3c 会話に合った写真を見つけましょう。次に彼らがしなければならないことを言いましょう。
Associez les dialogues aux photos et dites ce dont ils ont besoin.

1-13

a　　　　　　　　　b　　　　　　　　　c　　　　　　　　　d

4　avoir envie de ～したい／～が欲しい

| avoir envie de + | 動詞の不定詞 |
| | 名詞 |

動詞の不定詞

J'ai envie de pleurer.

Tu as envie de faire quoi ?

名詞

Elle a envie d'une glace.

Tu as envie d'un petit café ?

4a ペアの相手と、彼らがしたいことを言いましょう。
Formez des groupes de 2. Dites de quoi ils ont envie.

a　　　　　b　　　　　c

d　　　　　e

4b 欲しいものを3つ書きましょう。
Écrivez trois choses dont vous avez envie.

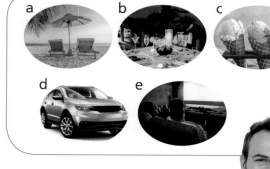

Tu as envie de quoi ?

16

5 Dites-le en français

下線部を入れ替えて、フランス語で言いましょう。*Traduisez en français et faites des variations.*

1. 私はフランスで勉強したい。➡ _____

（ var 1 ） 遅く起きる　　（ var 2 ） 明日家にいる　　（ var 3 ） 旅行に出かける

2. 君はもっと働く必要がある。➡ _____

（ var 1 ） もっと寝る　　（ var 2 ） 宿題をする　　（ var 3 ） 5時に終える

6 Focus

6a リエゾンのルールを読んで、文をリピートしましょう。

Lisez la règle, écoutez et répétez.
1-14

- ・grand, quand などは、[d]ではなく、[t] でリエゾンします。
- ・neuf は、heures と ans の前では、[v]で リエゾンします。
- ・x は、リエゾンでは [z] と発音します。

リエゾンをするところ

1. 主語代名詞と動詞の間
2. 限定辞（冠詞、形容詞） と名詞の間
3. 一音節の前置詞の後
4. 副詞と形容詞の間
5. être 動詞の後

⚠ et の後は決してリエゾン しません。

1. *Elles_arrivent.*
2. *Mes_amis font des_affaires.*
3. *en_Inde et aux_États-Unis*
4. *C'est très_amusant.*
5. *Jacques est_intelligent.*
6. *quand_est-ce que / ce grand_arbre*
7. *à neuf_heures / il a neuf_ans*
8. *six_heures / il a dix_ans*

6b リエゾンに注意してリピートしましょう。

Lisez les phrases suivantes en respectant les liaisons.
1-14

1. *Nous arrivons à six heures.*
2. *Tes amis achètent un grand appartement en Italie.*
3. *Elle est arrivée à deux heures.*

7 Le petit challenge

7a 読みましょう。*Lisez le texte.*

Maintenant, je n'ai pas besoin de beaucoup de choses pour vivre. Mais avant, c'était différent. Je n'avais pas de travail et j'avais toujours besoin d'argent. Je jouais de la musique dans la rue et publiais des vidéos sur YouTube. Et puis un jour, tout à changé. Une de mes chansons a eu du succès. Depuis ce jour, je n'ai plus besoin de chanter dans la rue. Maintenant, j'ai envie de faire le tour du monde. J'ai juste besoin d'un peu de courage et de ma guitare pour ça.

7b 答えましょう。*Répondez aux questions.*

1. Et vous ? De quoi avez-vous besoin pour vivre ?

2. De quoi avez-vous envie maintenant ?

3. De quoi aviez-vous le plus envie quand vous étiez enfant ?

4. Vous n'avez pas besoin de quoi maintenant ?

4 Projets

1 Dialogue

1a 本を閉じて会話を聞き、メモを取りましょう。
Livre fermé, écoutez attentivement et prenez des notes.
1-15

Julie : Donc, à partir de demain, tu suivras des cours de français ?

Nana: Oui, j'étudierai à l'Alliance française pendant 6 mois. C'est loin d'ici ?

Julie : Non, c'est à 10 minutes. Tu prendras le bus. L'arrêt est à 100 mètres de la maison. Tu verras, c'est très pratique.

Nana: Tant mieux.

Julie : Si tu restes six mois, tu parleras comme une Française !

Nana: Je sais que ce n'est pas possible. Mais je ferai de mon mieux ! C'est la première fois que je viens en France, je suis un peu stressée.

Julie : Oh, tout se passera bien. On s'occupera bien de toi.

1b 内容と合っていれば V (vrai)、違っていれば F (faux)をチェックしましょう。
Cochez la case correspondante.

	V	F
1. Nana commencera les cours demain.	☐	☐
2. Nana étudiera à l'université.	☐	☐
3. Nana suivra des cours pendant 6 mois.	☐	☐
4. Nana parle français comme une Française.	☐	☐

1c 以下の文の時制を考えましょう。
Les phrases ci-dessous sont au présent ou au futur.

1. L'arrêt de bus est devant la maison.
2. Tu seras bien ici. ・現在形
3. Je suis un peu stressée.
4. Tout se passera bien. ・単純未来形

2 単純未来形

➡計画、予定、未来に起きることがらを述べる

1. La semaine prochaine, elle **finira** son travail à 20 heures.
2. Nous ne **travaillerons** pas en janvier.
3. Je **partirai** demain.
4. Tu **joueras** au tennis.

単純未来形の作り方

語幹	動詞の不定詞		
語尾	je ___ai	nous ___ons	
	tu ___as	vous ___ez	
	il / elle / on ___a	ils / elles ___ont	

多くの動詞は、不定詞を語幹として使います。 | 単純未来形の語尾は avoir の現在形の活用に似ていますね！

1-16

2a 表を見て、penser の単純未来形の活用をリピートしましょう。続いて、finir, prendre, boire の活用表を埋めましょう。*Répétez la conjugaison de « penser ». Conplétez le tableau.*

◇ prendre, boire のように re で終わる動詞は、最後の e を取って語幹を作ります：

prendre → prendr → je prendrai / boire → boir → je boirai

	PENSER	FINIR	PRENDRE	BOIRE
je	penserai	finirai	prendrai	boirai
tu	penseras			
il / elle / on	pensera			
nous	penserons			
vous	penserez			
ils / elles	penseront			

2b visiter, se baigner, partir, apprendre, attendre を単純未来形で活用させましょう。
Conjuguez au futur simple : visiter, se baigner, partir, apprendre, attendre.

acheter, appeler, lever のような er 動詞の変形では、je の現在形の活用形に r を付けて語幹にします。

acheter – j'achète → achète+r → j'**achèter**ai

appeler – j'appelle → appelle+r → j'**appeller**ai

lever – je lève → lève+r → je **lèver**ai

例外

特殊な語幹を使う動詞もあります。

不定詞	語幹	je の活用	不定詞	語幹	je の活用
être	ser	je **ser**ai	venir	viendr	je **viendr**ai
faire	fer	je **fer**ai	vouloir	voudr	je **voudr**ai
avoir	aur	j'**aur**ai	devoir	devr	je **devr**ai
savoir	saur	je **saur**ai	pouvoir	pourr	je **pourr**ai
aller	ir	j'**ir**ai	voir	verr	je **verr**ai

3 計画、予定、未来に起こること

3a 単純未来形に書き換えましょう。*Écrivez les phrases au futur simple.*

1. Il y a des examens à partir de lundi.　→ _____

2. Élodie arrive à Roissy à 22 heures.　→ _____

3. Le soleil se couche à 20 heures 27.　→ _____

4. Je fais du sport pendant les vacances.　→ _____

5. Nous allons à Paris en été.　→ _____

3b 音声を聞いて、使われている動詞を選びましょう。次に聞こえた文を訳しましょう。
🎧 *Écoutez et retrouvez le verbe utilisé dans chaque phrase. Puis traduisez les phrases.*
1-17

☐ FAIRE	☐ ÊTRE	☐ PRENDRE	☐ PARTIR	☐ ALLER

3c リストの語彙と地図を手がかりに音声を聞いて、表を埋めましょう。
🎧 *Écoutez et retrouvez les activités de Kelly et Yanis.*
1-18

se baigner, se promener, aller au restaurant, visiter des monuments, visiter des musées, faire du vélo, faire de la marche, faire de la trottinette, voir la Méditerranée, faire de la voile

KELLY		YANIS	
OÙ	QUOI	OÙ	QUOI

3d Kelly と Yanis になって、3c の表を参考に予定を言いましょう。
💬 *Vous êtes Kelly et Yanis, parlez de vos futures vacances.*

> L'année prochaine, j'irai en Bretagne et je ferai du tourisme.

> Moi, j'irai dans les Pays de la Loire et je visiterai des châteaux.

女性形の地方には en、男性形や複数形の地方には、dans le / les をつけます。

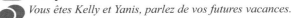

3e 会話を聞いて、表を埋めましょう。
Écoutez et complétez le tableau.

	suivre des cours	être en France	faire un régime	travailler à l'étranger	étudier à la fac	prendre des médicaments
quand	*demain*					
combien de temps	*six mois*					

Exemple :

A : Tu suivras des cours de français à partir de quand ?

B : À partir de demain.

A : Et pendant combien de temps ?

B : Pendant six mois.

3f ペアの相手と、3e の表と例を見ながら、会話を再現しましょう。
Par deux, recréez les dialogues de l'activité 3e en vous aidant du tableau et de l'exemple.

3g Clara と Vincent が週末の予定について話しています。以下の文が内容と合っていれば V（vrai）、違っていれば F（faux）をチェックしましょう。*Vrai ou faux.*

　　　　　　　　　　　　　　　　　　　　　　　　V　F
1. Clara et Vincent rendront visite à Marion en Bretagne. ☐ ☐
2. Clara et Vincent se marient dimanche. ☐ ☐
3. Ils prendront la voiture pour y aller. ☐ ☐
4. Vincent travaillera samedi. ☐ ☐
5. Ils partiront samedi matin. ☐ ☐

4　仮定

🐾 *hypothèse sur le futur*

Si

Si +	présent 動詞の現在形	+	futur 単純未来形

si の後は常に現在形を使います。

Si tu **es** d'accord, on **ira** au parc samedi.

Si tu **veux**, nous **pourrons** loger chez mes parents.

4a （2人組で）できるだけ多くの文を作りましょう。
Par deux, faites le maximum de phrases.

S'il fait beau demain ...
S'il pleut demain ...
Si tu es d'accord ...

4b これからフランスに1年間留学することを想像してください。留学中にすることを予想して書きましょう。
Imaginez que vous partez étudier un an en France. Imaginez ce que vous ferez pendant votre séjour.

Si je vais étudier en France pendant an, d'abord je m'inscrirai à la fac. Je ...

5 Dites-le en français

下線部を入れ替えて、フランス語で言いましょう。 *Traduisez en français et faites des variations.*

1. パリでは la tour Eiffel を訪れます。 ➡ _____

   (var 1) 街を散歩します   (var 2) レストランで夕食を食べます

   (var 3) スペクタクルを見ます

2. 明日晴れたら、サイクリングをする。 ➡ _____

   (var 1) ピクニックをする   (var 2) 出かける   (var 3) 公園に行く

6 Focus

6a 発音しない e に気をつけてリピートしましょう。

1-21 *Répétez les phrases ci-dessous. Attention à ne pas prononcer le -e muet.*

Et tout sera parfait !   Vous parlerez comme une Française.   Vous serez bien ici.

Samedi, elle fera du sport !   Qu'est-ce que tu feras la première semaine ?

6b 以下の文を読みましょう。 1回目は、e を [ə] と発音しながら、ゆっくりと。 2回目は
1-22 e を発音しないで、スピードを上げて読みます。 最後に音声を聞いて確認しましょう。

Dites les phrases ci-dessous une fois lentement (en prononçant tous les -e) puis une fois rapidement.

1. Et tout sera pour toi.   4. Samedi, il sera là !

2. Tu seras bien là-bas.   5. Qu'est-ce qu'il fera ?

3. Je serai à Paris en août.   6. Il chantera dimanche.

> 語末以外の、発音しない e：
> ゆっくり発音する場合は [ə] と
> 発音します。速く発音する場合
> は、落とすことが多くなります。
> ただし、e を落とすことによっ
> て子音が 3 つ連続する場合は、
> 一般的に [ə] と発音します。

7 Le petit challenge

7a テキストを読み、質問に答えましょう。
Lisez le texte puis répondez aux questions.

À partir de la semaine prochaine, je serai libre. Je commencerai un tour du monde. C'est décidé ! Je partirai avec mon sac à dos à l'aventure. D'abord, je voyagerai en Europe pendant au moins deux mois. En Italie, je visiterai Rome, Milan, Florence et la Sicile. J'irai aussi en Allemagne à Francfort et à Munich. Ensuite, j'irai en Afrique du Nord, je verrai le Sahara et je goûterai aux spécialités locales. Je ferai des rencontres, je parlerai avec les gens.
Si j'ai assez d'argent, je prendrai un bateau et je partirai visiter l'Asie, l'Inde et la Chine.
Enfin, après plusieurs mois à l'étranger, je retournerai en France. Je travaillerai dans l'entreprise de mon père et ...

QUESTIONS

1. Comment voyagera-t-il ?
2. Quelles villes visitera-t-il en Italie ?
3. Combien de villes visitera-t-il en Allemagne ?
4. Que fera-t-il en Afrique du Nord ?
5. Ira-t-il en Asie ?

7b Il を主語にしてテキストを書き直し、続きを
10行程度書き加えましょう。 *Réécrivez ce texte*
à la troisième personne du singulier et imaginez une
suite de 10 lignes.

1 Dialogue

1a 本を閉じて会話を聞き、メモを取りましょう。
Livre fermé, écoutez attentivement et prenez des notes.

 1-23

Mark : Tu es nouvelle ici ?

Nana : Oui, je suis arrivée lundi.

Mark : Alors ? L'école, tu la trouves comment ?

Nana : Super ! Tout le monde est très gentil avec moi. Les gens de l'accueil m'ont expliqué le fonctionnement de l'école en détail. Je les ai trouvés vraiment compétents.

Mark : Est-ce qu'ils t'ont montré la médiathèque ?

Nana : Oui, je l'ai vue, mais je ne l'ai pas visitée. Il y avait une réunion à ce moment-là.

Mark : Et, tu es dans une famille d'accueil ?

Nana : Oui. Oh, excuse-moi, je dois aller au secrétariat. Ils ont besoin de ma signature. J'ai oublié de signer un formulaire dans mon dossier d'inscription.

Mark : Tiens, je te donne mon numéro, au cas où...

Nana : Merci. Le secrétariat, c'est cette porte ?

Mark : Non, c'est le bureau du directeur. Le secrétariat est derrière toi. Tu me téléphones, je te montrerai la médiathèque.

Nana : D'accord, à bientôt.

1b 会話を聞いて、聞こえた語を選びしましょう。
Entourez le mot que vous avez entendu.

1. Tu es nouvelle / ancienne ici ?

2. Ils t'ont montré la bibliothèque / la médiathèque ?

3. Tu es dans un hôtel / une famille d'accueil ?

1c 内容と合っていれば V (vrai)、違っていれば F (faux) をチェックしましょう。
Cochez la case correspondante.

	V	F
1. Nana aime son école.	☐	☐
2. Nana a visité la médiathèque.	☐	☐
3. Nana a un cours maintenant.	☐	☐
4. Nana donne son numéro de portable à Mark.	☐	☐

2 Vocabulaire

 1-24

音声を聞いて、写真の下にフランス語を書きましょう。*Écoutez et écrivez la légende.*

le directeur ❖ le dossier ❖ le secrétariat ❖ le formulaire ❖ le secrétaire
l'inscription ❖ la réunion ❖ la directrice ❖ la secrétaire ❖ la signature ❖ signer

_____
_____

_____
_____

signer

_____

_____

_____

_____

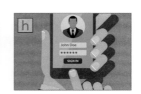

_____

pause café

　フランスでは、サインが多用されています。フランス人は、文字を習い始めると早速サインの練習を始めます。何十回も書いて、同じサインが書けるようにします。

　姓と名の両方を含むサインもありますが、多くの場合は苗字のみです。また、イニシャルだけのサインもありますが、その場合は非常に個性的で美的である場合がほとんどです。

3 目的補語人称代名詞

3a 太字の代名詞は直接目的語でしょうか間接目的語でしょうか。
Le pronom en gras est-il COD ou COI ?

	直接 COD	間接 COI
1. L'école, tu **la** trouves comment ?	☐	☐
2. - J'envoie ce dossier à Emma. - Comment ? Tu **lui** envoies ce dossier ?	☐	☐
3. Tu **me** donnes ton numéro de téléphone ?	☐	☐

主語	je	tu	il	elle	nous	vous	ils	elles
直接目的語	me	te	le	la	nous	vous	les	
間接目的語	me	te	lui		nous	vous	leur	

3b 直接目的補語人称代名詞を使って答えましょう。
Répondez en utilisant un pronom COD.

1. Tu vois la directrice ? Oui, je …
2. Tu cherches le secrétariat ? Non, je …
3. Tu m'aimes ? Bien sûr ! Je …
4. Ils nous écoutent ? Non, ils ne …

3c 間接目的補語人称代名詞を使って答えましょう。
Répondez en utilisant un pronom COI.

1. Elle explique à Clément et Sylvain ? Oui, elle …
2. Tu m'écris ? Non, je …
3. Tu me parles ? Non, je …
4. Vous nous téléphonez ? Oui, nous …

3d dialogue の中の直接目的補語人称代名詞と間接目的補語人称代名詞を抜き出し、何を指すか書きましょう。
Listez les pronoms compléments du dialogue et indiquez s'ils sont COD ou COI.

Exemple : L'école, tu **la** trouves comment ? → la = l'école ／直接目的語 COD

3e 質問を聞いて、代名詞を使ってすべて oui で答えましょう。続いて、すべて non で答えましょう。
Répondez affirmativement aux questions en utilisant un pronom. Puis répondez négativement.
1-25

3f ペアの相手に質問をしましょう。相手は代名詞を使って答えます。
Formez des groupes de deux, faites des variations.

A : Tu attends **Marie** ?
B : Oui, je l'attends. Ah, non, non, non, je ne l'attends pas.

3g （4人のグループで）お互いに、いろいろな人や物についての感想を尋ねましょう。
Formez des groupes de quatre personnes. Demandez à vos camarades ce qu'ils pensent de certaines choses ou de certaines personnes.

A : Tu trouves comment le cours de français ?
B : Je **le** trouve vraiment intéressant.
C : Moi, je ne **le** trouve pas terrible.
D : Moi, …

sympa, amusant, sévère, drôle, médiocre, banal, impeccable, cher, fatigant, ennuyeux, chiant

attendre	acheter
MARIE	CE LIVRE
JEAN et LUC	CETTE TABLE
MOI	CES VÊTEMENTS

téléphoner à	écrire à
HUGO	TA SŒUR
NANA et LÉA	TES PARENTS
NOUS	MOI

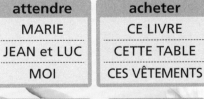

le prof d'anglais / les Japonais / le Japon / l'université / ton quartier / les études / les salles de classe / la vie dans une grande ville

4 複合過去における目的補語人称代名詞の位置

4a 例を読み、目的補語人称代名詞の位置について、正しいものを選びましょう。

Observez et choisissez la réponse correcte.

> Vous avez signé le formulaire ?
>
> Oui, je l'ai signé hier.
>
> Vous m'avez téléphoné ce matin ?
>
> Non, je ne vous ai pas téléphoné.

複合過去形では、目的補語人称代名詞は avoir の　直前　・　直後　に入れます

4b 下線部を代名詞にして答えましょう。

Répondez en utilisant un pronom.

1. Tu as apporté le dossier ? Oui, ...

2. Clémentine a trouvé le secrétariat ? Oui, ...

3. Tu as envoyé le fichier à M. et Mme Li ? Non, ...

4. Vous avez répondu à Laurent ? Non, ...

4c 質問を聞いて、代名詞を使ってすべて oui で答えましょう。続いて、すべて non で答えましょう。

1-26

Répondez affirmativement aux questions. Puis répondez négativement.

5 過去分詞の性数一致

5a 例を読み、以下の規則を完成させましょう。*Lisez les phrases ci-dessous et complétez la règle.*

Luc, je **l'**ai connu il y a dix ans. Et Marie, je **l'**ai conn**ue** il y a trois ans.

Ces livres, je **les** ai achet**és** à Paris.

- Tu as téléphoné à tes parents ? - Oui, je **leur** ai téléphoné tout à l'heure.

> 複合過去において、過去分詞は、
> 動詞の前に置かれた **直接目的語・間接目的語** の性・数に一致します

直接目的語の性に一致することにより、過去分詞は音が変わることがあります。

Ces photos, je les ai pris**es**.

5b 正しい方を選びましょう。

Choisissez la réponse correcte.

Exemple : Tu l'as vu ? l' =（Paul）/ Françoise

1. Il les a invités ? les = ses amis / ses amies

2. Tu m'as appelée ? m' = Ken / Marie

3. Tu l'as présenté ? l' = Benjamin / Béatrice

4. Elle t'a reconnue ? t' = Clément / Clara

5c 下線部を代名詞にして答えましょう。

Répondez en utilisant un pronom.

1. Ils ont réservé le restaurant ? Oui, ...

2. Victor a invité Emma ? Oui, ...

3. Tu as pris ces photos ? Non, ...

4. Vous avez noté leurs numéros ? Non, ...

6 Dites-le en français

下線部を入れ替えて、フランス語で言いましょう。*Traduisez en français et faites des variations.*

1. 私はマリーを知っている。 → _____

（ var 1 ） 彼女を　　（ var 2 ） 彼を　　（ var 3 ） 彼らを　　（ var 4 ） 君を

2. 私たちは彼らを見た。 → _____

（ var 1 ） 紹介した　（ var 2 ） 招待した　（ var 3 ） 待った　（ var 4 ） 呼んだ（電話した）

7 Focus

7a イントネーションを真似てリピートしましょう。*Répétez en imitant l'intonation.*

🎧 1-27 Tu lui envoies ce dossier ?　　Je les ai trouvés compétents.　　Je ne l'ai pas visitée.

7b 発音しましょう。
🎧 *Prononcez les phrases suivantes.*

1-28
1. Tu les as pris ?
2. Tu lui donneras les papiers.
3. Je leur ai téléphoné.
4. Tu ne l'as pas fait.

5. Nous l'avons fait !
6. Je ne l'ai pas vu.
7. Je lui dirai.
8. Tu ne lui parles pas ?

> 動詞とその前の代名詞の間にポーズは入りません。一気に発音しましょう。リエゾンとアンシェヌマンにも気をつけましょう。

8 Le petit challenge

MA LISTE

- ☑ téléphoner à Mark
- ☐ expliquer mon absence de samedi
- ☑ apporter le dossier au secrétariat
- ☑ parler à la secrétaire ← *le matin*
- ☑ expliquer mes problèmes de santé à M. et Mme Verneuil
- ☐ acheter les livres

MON BILAN

Mark	→ trop mignon !
la secrétaire	→ désagréable
M. et Mme Verneuil	→ très sympas
les livres	→ pas intéressants

8a リストを見て、ナナがしたこと、しなかったことを書きましょう。
Lisez la liste et écrivez un texte expliquant ce que Nana a fait et ce qu'elle n'a pas fait.

Exemple :
Nana devait téléphoner à Mark alors elle lui a téléphoné.
Elle l'a trouvé trop mignon.

8b あなたが昨日しなければならなかったこと、したこと、しなかったことを言いましょう。また、誰に会ったのか、その人をどう思ったのかなども言いましょう。目的補語人称代名詞を使ってください。
Écrivez un texte expliquant ce que vous avez fait hier, ce que vous deviez faire et ce que vous n'avez pas fait. Utilisez quelques pronoms COD et COI. Parlez des gens que vous avez vus. Dites comment vous les avez trouvés.

6 La France et ses artistes

フランスの画家、彫刻家とその作品

1 Préparation（宿題）

Devoirs : Préparation des activités 5b et 5c.

1a 自分の好きな画家、彫刻家、あるいは建築家を１人選び、次のことについて調べてきます：国籍、出身地、生年月日（および亡くなった年）、代表作あるいは好きな作品、好きな理由。
作家の顔と作品をそれぞれプリントアウト、もしくはスライドにして準備します。

Choisissez un artiste (peintre, sculpteur, architecte...) que vous aimez. Cherchez sa nationalité, son lieu de naissance, ses dates de naissance et de mort, récoltez des informations sur des œuvres que vous aimez et expliquez pourquoi vous aimez ces œuvres. Imprimez le portrait de cet artiste ainsi que les œuvres (ou bien préparez un PowerPoint).

1b ４人のグループを作ります。各グループに教師が１人のフランス人、もしくはフランスで活躍したアーティストを割り当てます。そのアーティストについて 1a と同様の情報を調べてきます。（Niki de Saint Phalle, François Boucher, Auguste Renoir, Auguste Rodin, Nicolas Poussin, Dominique Ingres, Henri Rousseau, Claude Monet など）

Formez des groupes de quatre personnes. Chaque groupe devra faire des recherches sur un des artistes français ou ayant vécu en France proposés par le professeur.

2 Sensibilisation

2a 画家と名前を結びつけましょう。*Reliez les tableaux à leurs auteurs.*

a

b

c

Claude Monet ❖ Eugène Delacroix ❖ Paul Gauguin

2b ４人のグループで、フランス人もしくはフランスで活躍した画家や彫刻家の名前をできるだけ多く挙げましょう。どのグループが一番多くの名前を言えるでしょうか。*(Groupes de 4) Citez des peintres ou des sculpteurs français ou ayant travaillé en France. Quel groupe pourra citer le plus de noms ?*

2c フランスの３大美術館の名前を言いましょう。
Pouvez-vous citer les trois principaux musées de France ?

a

b

c

3 Compréhension

ここでは、テキストにさっと目を通し、求められている情報を見つける練習をします。
フランスの3大美術館に関する記述を読み、質問に対して正しい美術館をチェックしましょう。

Lisez le texte sur les trois principaux musées de France et cochez les cases correspondantes.

1   Les trois plus grands musées français sont tous situés à Paris.

    Le plus important est le musée du Louvre. Il abrite plus de 550 000 œuvres de la préhistoire au XIXe siècle. Ses 10 millions de visiteurs par an en font le musée le plus visité du monde.

5   Situé à l'intérieur d'une ancienne gare, le Musée d'Orsay est un musée dédié à l'art du XIXe siècle. Il est célèbre pour sa grande collection de peintres impressionnistes. Trois millions de personnes viennent le visiter chaque année.

    Le Musée national d'art moderne compte environ 100 000 pièces des XXe et XXIe siècles, y compris des œuvres de Picasso, Kandinsky, Matisse, Dali et Niki de Saint
10 Phalle. C'est la plus grande collection d'art moderne et contemporain d'Europe. C'est la deuxième plus grande collection du monde après le Musée d'Art Moderne de New York (MoMA). Plus de trois millions de personnes le visitent chaque année.

    Ces trois musées parisiens couvrent des périodes différentes : le Louvre présente
15 l'art de l'antiquité jusqu'à la révolution de février 1848, le musée d'Orsay présente des œuvres de 1848 à 1914, le musée national d'art moderne présente des œuvres de 1905 à nos jours. Autrement dit, si vous visitez le musée du Louvre, le musée d'Orsay et le musée national d'art moderne, vous aurez un aperçu de l'art de l'Antiquité à nos jours.

	le Louvre	l'Orsay	le musée national d'art moderne
1. Quel musée est le plus fréquenté du monde ?			
2. Quel musée est connu pour sa collection sur l'impressionnisme ?			
3. Quel musée est installé dans une ancienne gare ?			
4. Quel musée contient cent mille œuvres d'art moderne ?			
5. Vous voulez voir *Blue II* (1961) de Miro.			
6. Vous voulez voir *la Joconde* (début 16e siècle) de Léonard de Vinci.			
7. Vous voulez voir *la Vénus de Milo* (130-100 Av JC).			
8. Vous voulez voir *la Balançoire* (1876) de Renoir.			

4 L'artiste et son œuvre

4a 画家や彫刻家の名前と作品名をリピートしましょう。*Écoutez et répétez le nom des artistes et le nom des œuvres.*
1-29

4b （2人組で）それぞれがAもしくはBを選び、画家、彫刻家の生年月日、活躍した世紀、作品、およびその制作年を調べましょう。*Formez des groupes de deux personnes (A, B). Complétez les informations manquantes (respectivement pour A ou B) en cherchant sur Internet (les dates de naissance et de mort, le siècle, le nom de l'œuvre, son année de création).*

A

Auguste Rodin

dates : _____
siècle : _____

Nicolas Poussin

dates : _____
siècle : _____

Dominique Ingres

dates : _____
siècle : _____

Auguste Renoir

dates : _____
siècle : _____

Les Bergers d'Arcadie

date : _____

La Grande Odalisque

date : _____

Le Moulin de la Galette

date : _____

Le Penseur

date : _____

Claude Monet

dates : _____
siècle : _____

Henri Rousseau

dates : _____
siècle : _____

François Boucher

dates : _____
siècle : _____

Niki de Saint Phalle

dates : _____
siècle : _____

Madame de Pompadour

date : _____

Le Rêve

date : _____

Nana

date : _____

Le Bassin aux Nymphéas

date : _____

B

4c ペアの相手に質問をして、抜けている情報を埋めましょう。
À vous ! Posez-vous des questions et complétez les informations manquantes.

Qui a peint / fait … ?　　Il / elle est mort(e) / né(e) en quelle année ?
C'est un(e) artiste de quel siècle ?
Il / elle avait quel âge quand il / elle a peint … ?

5 Présenter un artiste

5a Eugène Delacroixについての文章を読みましょう。
Lisez le texte.

Eugène Delacroix est un peintre romantique français du XIXe siècle.

Il est né en 1798 à Charenton-Saint-Maurice, près de Paris, et mort en 1863 à Paris.

Son chef-d'œuvre *La Liberté guidant le peuple*, réalisé en 1830, est très célèbre. Ce tableau est une scène de barricade qui a lieu durant la révolution de juillet 1830. C'est un tableau qui a une forte portée symbolique. On l'a souvent choisie comme symbole de la République française.

5b 5a にならって、グループで調べてきたアーティスト（1b）の紹介文を書きましょう。その際に以下の質問の答えを入れてください。続いて各グループは、アーティストの顔と作品を見せながら、クラス全体、あるいは他のグループに、担当のアーティストとその作品を紹介します。他の人は、得た情報をメモしましょう。
Chaque groupe écrit un texte à la manière de 5a en présentant l'artiste de l'activité 1b. Montrez l'artiste et son œuvre à vos camarades de classe qui prennent des notes et posent des questions. Votre présentation contiendra les réponses aux questions ci-dessous.

1. Quelle est sa nationalité ?
2. Il vient d'où ?
3. Il est né en quelle année et décédé en quelle année ?
4. C'est un peintre de quel siècle ?
5. Comment s'appelle son œuvre ?
6. Que représente le tableau ?

5c 今度は、調べてきた自分の好きなアーティスト（1a）の紹介文を書きましょう。続いて、グループの人に紹介しましょう。
À présent, écrivez la présentation de votre artiste préféré sur lequel vous avez fait des recherches (1a). Ensuite présentez l'artiste et son œuvre à votre groupe.

5d 絵の説明を聞き、該当する絵の下に、説明の番号と画家の名前を書きましょう。*Écoutez les descriptions des tableaux* 1-30 *et écrivez le numéro de l'explication et le nom de l'artiste sous le tableau correspondant.*

VOCABULAIRE

œuvre, tableau, peinture, peintre, musée, chef-d'œuvre, sculpteur, sculpture, impressionnisme, impressionniste, cubisme, cubiste, fauvisme, fauviste, art moderne couleur, clair, sombre, expo, romantisme,

_____   _____   _____

BILAN ①

_____ /100

1 写真を見て、正しい答えをチェックしましょう。

Regardez l'image et cochez. _____ / 10

Mako
21

	oui	non	si
Elle n'est pas japonaise ?	☐	☐	☐
Elle a 21 ans ?	☐	☐	☐
Elle n'a pas 21 ans ?	☐	☐	☐
Elle parle l'anglais ?	☐	☐	☐
Elle n'est pas jeune ?	☐	☐	☐

2 動詞を現在形で活用させましょう。

Conjuguez au présent. _____ / 10

1. Tu _____ (préférer) quoi ?
2. Ils _____ (se lever) tôt.
3. Nous _____ (acheter) des livres.
4. Vous _____ (appeler) un taxi.
5. Vous _____ (préférer) cette solution.

3 以下の文は、過去の行為、状態、習慣のいずれですか。

Indiquez si c'est une action, une situation ou une habitude.

_____ / 10

1. Hier, je suis allé à l'université.
2. Il faisait beau et il y avait du monde.
3. Avant, je travaillais dans un café.
4. Un jour, je suis parti en France.
5. Hier, je suis rentrée tard.

4 動詞を現在形か単純未来形で活用させましょう。

Conjuguez les verbes au présent ou au futur simple.

_____ / 10

1. Si tu _____ (vouloir), je _____ (signer) le document.
2. Nous _____ (aller) à Nice s'il _____ (faire) beau.
3. Si elle _____ (venir), on _____ (visiter) la ville.
4. Si elle _____ (avoir) un ami, elle le _____ (voir) souvent.
5. Si vous _____ (étudier) le russe, vous _____ (lire) des livres.

5 動詞を半過去形で活用させましょう。

Conjuguez à l'imparfait. _____ / 10

1. Ils _____ (aller) à Paris et ils _____ (faire) du shopping.
2. Tu _____ (faire) du sport. Tu _____ (jouer) au foot.
3. Je _____ (suivre) des cours. Je _____ (finir) tôt.
4. Elle _____ (avoir) un ami. Elle le _____ (voir) souvent.
5. Vous _____ (étudier) l'anglais. Vous _____ (lire) des livres.

6 指示された要素を使って文を作りましょう。

Faites des phrases avec les éléments ci-dessous.

_____ / 10

1. se laver / avoir besoin de / nous
2. pleurer / avoir envie de / elle
3. aller à Paris / avoir envie de / vous
4. de l'argent / avoir besoin de / il
5. se reposer / avoir besoin de / je

7 適切な代名詞を入れましょう。

Complétez par le pronom correspondant. _____ / 10

1. L'école, tu _____ trouves comment ?
2. Les profs, tu _____ trouves comment ?
3. Ce cours, tu _____ trouves comment ?
4. Mon amie, tu _____ trouves comment ?
5. L'université, tu _____ trouves comment ?

🎧 8 質問を聞いて、間接目的補語人称代名詞を使って答えましょう。

1-31

Écoutez et répondez en utilisant un pronom COI.

_____ /10

1. Oui, _____
2. Non, _____
3. Si, _____
4. Oui, _____
5. Si, _____

9 並べ替えて正しい文にしましょう。

Retrouvez l'ordre correct. _____ / 10

chez / est / il / d'accueil / arrivé / sa / famille

→ _____

parc / samedi / irons / si / ton / est / d'accord / frère / nous / au

→ _____

🎧 10 書き取りましょう。

1-32 Dictée : Écrivez les phrases. ___ / 10

1. _____
_____
2. _____
_____

EXPRIMEZ-VOUS 話してみよう！

グループに分かれて、situation 1～4を読み、それぞれのsituationに合った会話を準備し、演じましょう。
Formez des groupes. Lisez les situations 1 à 4. Imaginez un dialogue pour chaque situation et jouez-les devant vos camarades de classe.

▶ SITUATION 1

Nana parle avec une amie de l'école.
Elles sont arrivées le même jour.
Elles expliquent comment est leur chambre chez leur famille d'accueil.

Imaginez le dialogue.

▶ SITUATION 2

Nana revient de sa première journée d'école. La famille d'accueil lui pose beaucoup de questions. Nana a beaucoup de choses à dire.

Imaginez le dialogue.

▶ SITUATION 3

Mark a invité Nana à boire un café.
Elle lui pose des questions sur la vie en France.
Il lui propose son aide.

Imaginez le dialogue.

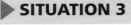

▶ SITUATION 4

Nana parle de ses projets pour les trois prochaines années à Mark.

Imaginez le dialogue.

7 S'inquiéter, encourager

中性代名詞 **le, y, en**

1 Dialogue

1a 本を閉じて会話を聞き、メモを取りましょう。
Livre fermé, écoutez attentivement et prenez des notes.

1-33

Mark : Je peux m'asseoir ?

Nana : Oui, il y a de la place. Tu vas à la soirée étudiante ce soir ?

Mark : Oui, j'y vais. Et toi, tu y vas ?

Nana : Je ne sais pas encore. En fait, j'ai un exposé à préparer. Je dois le terminer avant le 12. Alors j'hésite un peu.

Mark : Le 12 ? C'est la semaine prochaine. Tu as encore le temps. Tu pourras le finir ce week-end. On peut aller à la fête ensemble, si tu veux. En plus, c'est l'anniversaire de Clément ce soir. Qu'est-ce que tu en penses ? Tu es inquiète ?

Nana : Inquiète ? Bien sûr que je le suis.

Mark : Je comprends, mais je suis sûr que tu vas y arriver !

Nana : Mais moi, je ne le crois pas.

Mark : Eh bien moi, j'en suis certain ! Bon alors, tu iras ?

Nana : Pff... C'est d'accord.

1b 会話を聞いて、聞こえた語をチェックしましょう。
Choisissez la réponse correcte.

1. Tu vas à la soirée étudiante / la fête de la musique ce soir ?

2. J'ai un examen / un exposé à préparer.

1c 以下の文が内容と合っていればV (vrai)、違っていればF (faux)をチェックしましょう。
Écoutez et cochez la case correspondante.

	V	F
1. Mark va à la soirée étudiante.	❑	❑
2. Nana doit terminer un exposé avant ce week-end.	❑	❑
3. L'anniversaire de Clément est ce soir.	❑	❑
4. Nana est inquiète.	❑	❑

1d 会話に出てきた表現をチェックしましょう。 *Écoutez le dialogue et cochez les expressions que vous avez entendues.*

 ❑ être inquiet ❑ s'inquiéter

 ❑ être heureux

 ❑ être mécontent

 ❑ être en colère

 ❑ être triste

 ❑ être amoureux ❑ aimer

 ❑ être hésitant ❑ hésiter

 ❑ être déçu

 ❑ être certain

 ❑ être étonné

2 Vocabulaire

🎧 音声を聞き、適切な絵を選びましょう。 *Écoutez et associez aux images.*

1-34

parler de politique
chercher des renseignements
ranger
organiser une fête
réviser
faire un exposé
arriver à (=réussir)
écrire un rapport

3 　中性代名詞 : le

3a 代名詞 le (l') が何を指すか考えましょう。
Réfléchissez à l'utilisation de « le » dans les exemples ci-dessous.

- Paul est inquiet ? - Oui, il l'est. C'est certain.

- Nous pouvons rester ici ? - Oui, vous le pouvez.

- Tu sais qu'Emmanuel est en colère ? - Oui, je le sais.

> le は、形容詞、不定詞、節や文を受ける

3b 下線部を入れ替えてペアの相手に質問しましょう。更に、相手が知らなさそうなことを3つ質問しましょう。
Formez des groupes de deux. Posez les questions ci-dessous, puis réfléchissez à trois nouvelles questions.

Exemple :

A : Tu sais qu'il n'y a pas cours demain ?

B : Oui, bien sûr, je le sais. /
　　Ah bon ? Je ne le savais pas.

1. François hésite entre une prépa et la fac.

2. Les Français aiment les mangas.

3. Le professeur est amoureux.

4. Il y a une soirée dansante vendredi soir.

5. Pierre est déçu.

6. La tour de Tokyo est plus haute que la tour Eiffel.

4 　中性代名詞 : y

4a 代名詞 y が何を指すか考えましょう。続いて、y について正しい答えを選びましょう。
Que remplace le pronom « y » ? Lisez la règle et choisissez la préposition correspondante.

- Tu vas à la soirée étudiante ?
- Non, je n'**y** vais pas.

Alain passe les vacances dans sa maison secondaire.
Il **y** passe aussi les week-ends.

- Je n'arrive pas à trouver la réponse.
- Si, tu **y** arriveras.

> ① à, dans, en, chez, sur などを伴う、場所を表す状況補語を受ける。
>
> ② **à・de** を伴う名詞や不定詞を受ける。

4b 代名詞 y を使って答えましょう。*Répondez en utilisant le pronom « y ».*

1. Tu vas à Paris ? - Oui, _____

2. Ils vont à la soirée étudiante ? Non, _____

3. Elle va à la poste ? Oui, _____

4c (2人組で) 例にならって、代名詞 y を使って答えましょう。
Par deux, répondez selon le modèle.

Exemple :

A : Quand est-ce que tu vas au resto U ?

B : J'y vais le lundi et le mercredi.

	OÙ	QUAND
Ex.	le resto U	le lundi et le mercredi
1	la fac	tous les jours
2	le cours de français	deux fois par semaine
3	la banque	une fois par semaine
4	l'amphithéâtre	le jeudi

7

弱音を吐く友人を励ましましょう。

Votre amie est découragée. Encouragez-la !

Mais si …

Ça va …

Ne t'inquiète pas

Exemple :
A : Je n'arrive pas à trouver ma clé.
B : **Mais si**, tu y arriveras.

réserver le restaurant

trouver le chemin

se concentrer

s'endormir

contacter Jean

---

5 中性代名詞 : en

(2人組で) 代名詞 en が何を指すか考えましょう。
Formez des groupes de 2. Réfléchissez à l'utilisation de « en ».

- Vous voulez du café ? - Oui, j'**en** veux bien.
- Ils parlent de politique ? - Oui, ils **en** parlent souvent.
- Tu es sûr de ça ? - Oui, j'**en** suis sûr !

下線部を入れ替えて会話を続けましょう。
Formez des groupes de 2. Faites des variations selon le modèle.

    A : Tu parles souvent d'économie ?
    B : Oui, j'**en** parle souvent
    A : Moi, je n'**en** parle jamais.

> parler de … (〜について話す) の後にテーマがくる
> 場合には、定冠詞を落とします。
> Ex. parler de politique
> *cf*. parler de la politique française

en についての記述です。正しい前置詞を選び
ましょう。*Lisez la règle et choisissez la préposition
correspondante.*

> **en**   ① 不定冠詞、部分冠詞、数量を表す語句
> が付いている語句を受ける。
> ② à・de を伴う語句を受ける。

 la politique
 l'environnement
 l'histoire
 le cinéma
 la littérature
 l'énergie renouvelable

🎧 1-35   文を書き取りましょう。続いてペアの相手に、その
代名詞を使う理由を説明しましょう。
Écoutez et écrivez les phrases.
Puis expliquez la raison de l'utilisation des pronoms à un camarade.

---

6 代名詞の位置

例文を読み、代名詞の位置について、正しいものを選びましょう。
Lisez les phrases ci-contre et complétez la règle.

> 「助動詞＋不定詞」の場合、目的補語人称
> 代名詞や中性代名詞は
> 不定詞の 　前 ・ 後 　に入れます

- Quand est-ce que je dois finir le rapport ?
- Tu dois **le** finir ce soir.
- Tu peux aller à la banque ?
- Ok, je vais **y** aller tout de suite.

下線部を代名詞にして答えましょう。
*Répondez en remplaçant les mots soulignés par le pronom
correspondant.*

1. Tu veux savoir comment résoudre le problème ?
   Oui, _____

2. Qui va aller au marché demain ?
   Moi, je _____

3. Vous voulez parler de la pollution des rivières ?
   Oui, nous _____

下線部を入れ替えて会話をしましょう。
💬 *Par deux, faites des variations.*

A : Qu'est-ce que je dois faire ?
B : Tu dois écrire le rapport.
   Je peux t'aider si tu veux.
A : Ça va merci, je vais le faire tout(e) seul(e).

ranger tes affaires / chercher des
renseignements / préparer ton exposé /
finir tes devoirs / réviser les cours /
organiser une soirée étudiante

6d 音声を聞いて、日本語に訳しましょう。
Écoutez et traduisez les phrases en japonais.
1-36

6e 並べ替えて、文を完成させましょう。 *Mettez les mots dans le bon ordre.*

1.【 devons / nous / dire / le 】

2.【 en / ne / il / pas / parler / veut 】

3.【 aller / dois / seul / pas / ne / y / tu 】

4.【 le / vous / ne / pas / faire / comment / pouvez / savoir 】

7　Dites-le en français

下線部を入れ替えて、フランス語で言いましょう。 *Traduisez en français et faites des variations.*

1. 私たちは日本社会について話している。 ➡ _____

（ var 1 ） それについて話している　（ var 2 ） それについて再び話している　（ var 3 ） それについて議論している

2. 私は Paul が来ることを知っている。 ➡ _____

（ var 1 ） それを知っている　（ var 2 ） そう言っている　（ var 3 ） そう思っている

8　Focus

8a 母音連続に気をつけてリピートしましょう。
Répétez en respectant l'enchaînement vocalique.
1-37

> 母音連続は、単語の最後の母音を、母音で始まる次の語の母音とつなげて読む現象です。2つの母音の間にポーズは入れず、連続して発音しますが、2つの母音は別々の音節をなし、はっきりと2つの母音が聞こえます。

1. **Tu en veu**x **ou** pas ?

2. **Tu en veu**x **une** ?

3. Je d**oi**s **en** faire.

4. Tu v**a**s **à A**lbi.

8b 母音連続に気をつけて読みましょう。　続いて音声を聞いて確認しましょう。
Lisez les phrases ci-dessous en respectant l'enchaînement vocalique. Puis vérifiez à l'aide de l'enregistrement.
1-38

1. une comédie italienne
2. le cinéma américain
3. Tu vas où en France ?

4. Tu y vas en août.
5. Quand es-tu allé à Angers ?
6. Il va à Arras.

9　Le petit challenge

9a 次の1から9までのフレーズをフランス語に訳し、続いて日本語に訳しましょう。
Traduisez en français puis en japonais les phrases suivantes.

9b 他のフレーズを考え、会話を続けましょう。
Réfléchissez à d'autres phrases et continuez l'activité.

Comment dit-on « I want to take it. » en français ?

On dit « Je veux le prendre ».

Comment dit-on « Je veux le prendre. » en japonais ?

1. I want to take it.
2. You don't want to do it.
3. Why do you want to buy it?
4. Can you do it for me?
5. No, I don't want to do it for you.

6. Yes, I'm going to go there.
7. I'm sure you can do it for him.
8. Do you know why he doesn't want to take it?
9. Politics? Of course. I talk about it every day.
10. ...

1 Dialogue

1a 本を閉じて会話を聞き、メモを取りましょう。
Livre fermé, écoutez attentivement et prenez des notes.
1-39

Julie : D'abord, prends le bol et mets-le sur la table.
Et lave les légumes qui sont devant toi.

Nana : Je les épluche ?

Julie : Non, ne les épluche pas. Ce n'est pas
nécessaire, ils viennent du jardin. Par contre,
lave-les bien. Tiens, prends la brosse qu'on a
achetée l'autre jour, et frotte-les avec.

Nana : J'ai fini ! Qu'est-ce que je fais maintenant ?

Julie : Alors, coupe-les et mets-les dans le bol.
Ensuite, mets le contenu du bol dans la
marmite.

Nana : Cette marmite-là ?

Julie : Ne la touche pas, elle est très chaude.
Attends, donne-moi les gants de cuisine.
Voilà, verse doucement... C'est parfait.

Nana : Et après, qu'est-ce qu'on fait ?

Julie : Eh bien, on va s'occuper du gâteau.

1b 会話を聞いて、聞こえた順に番号を振りましょう。
続いて動詞の不定詞を書きましょう。
Écoutez et retrouvez l'ordre, puis écrivez l'infinitif.

☐	Mets le contenu.	_____
1	Prends le bol.	*PRENDRE*
☐	Je les épluche ?	_____
☐	Frotte-les.	_____
☐	Mets-le sur la table.	_____
☐	Lave les légumes.	_____
☐	Coupe-les.	_____

1c 会話の中で使われていないのはどの動詞でしょうか。 *Quel mot n'est pas dans le dialogue ?*

frotter

éplucher

servir

couper

1d 会話を聞いて、聞こえた語をチェックしましょう。 *Écoutez et cochez les mots que vous avez entendus.*

☐ la marmite

☐ la poêle

☐ le couteau

☐ la cuillère

☐ la fourchette

☐ le gant de cuisine

☐ la tasse

☐ l'assiette

☐ la brosse

☐ le bol

2 mettre の活用

mettre は、置く、入れる、加える、着る、履く、投函する、掛ける、片付けるなど、様々な意味で使われます。この動詞が出てきたら、どの意味で使われているのか考えましょう。

mettre の活用を覚えましょう。 *Mémorisez la conjugaison de « mettre ».*

METTRE		
je mets	nous mettons	命令形 ➡ Mets ! Mettons ! Mettez !
tu mets	vous mettez	複合過去形 ➡ j'ai mis
il met	ils mettent	半過去形 ➡ je mettais
elle met	elles mettent	単純未来形 ➡ je mettrai

3 命令文における代名詞の位置

3a 例文を読み、代名詞の位置について、正しいものを選びましょう。
Regardez attentivement les exemples puis indiquez où est placé le pronom.

-Tu **y** vas en voiture ? Vas-**y** en métro. C'est plus rapide.

-Tu **me** passes le sel ? → Passe-**moi** le sel.

-Tu ne **le** mets pas dans le frigo. → Ne **le** mets pas dans le frigo.

Écoutez-moi !

目的補語人称代名詞、中性代名詞の位置		
基本（命令文以外）	動詞の	直前 ・ 直後
肯定命令の場合	動詞の	直前 ・ 直後
否定命令の場合	動詞の	直前 ・ 直後

⚠ me, te は、動詞の後に置かれる場合、強勢形の moi, toi を使います。

3b 命令文に書き換えましょう。
Transformez selon l'exemple.

Ex. Tu en prends encore ?
　　　→ Prends-en encore.

1. Vous y ajoutez le sucre.

2. Vous ne le servez pas trop.

3. Tu la coupes en deux.

4. Tu ne le mets pas au four.

3c ナマケモノの Dodo のセリフを考えましょう。
Imaginez ce que dit Dodo, le paresseux fatigué.

Ex : Passe-moi le poivre, s'il te plaît.

3d 例にならって、絵を見て指示を与えましょう。
Regardez les photos et faites des phrases selon l'exemple.

Exemple : Épluchez les carottes. Épluchez-les bien, s'il vous plaît.

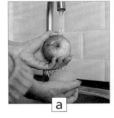    

a　　　　　b　　　　　c　　　　　d　　　　　e

3e 説明を聞いて、出来上がる料理を選びましょう。
Écoutez et associez la recette à la photo.

1-40

un couscous　　　une omelette　　　une salade niçoise　　　une quiche

 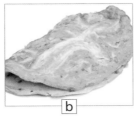  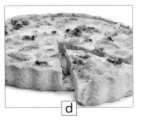

a　　　　　b　　　　　c　　　　　d

3f 2人組で好きな料理のレシピを書きます。次にクラスで発表して、他の人は料理を当てましょう。
Par deux, écrivez une recette que vous aimez. Ensuite, présentez-la à la classe.

4 関係代名詞 qui, que

4a 例を見て、規則を完成させましょう。

Lisez les exemples et complétez la règle.

1. Prends le <u>bol</u>. <u>Il</u> est sur la table. ——主語—— → Prends le bol **qui** est sur la table.

2. Prends <u>le bol</u>. Je <u>l'</u>ai acheté hier. ——直接目的語—— → Prends le bol **que** j'ai acheté hier.

3. <u>La fille</u> est belle. <u>Elle</u> parle avec Jamel. ——主語—— → La fille **qui** parle avec Jamel est belle.

4. <u>La fille</u> est belle. Tu m'as présenté <u>cette fille</u>. ——直接目的語—— → La fille **que** tu m'as présentée est belle.

> ⚠ 複合過去において、直接目的語が動詞より前にある場合、過去分詞は直接目的語の性・数に一致します。

関係代名詞の選び方	
関係節の主語の場合	qui ・ que
関係節の動詞の直接目的語の場合	qui ・ que

⚠ qui, que は物にも人間にも同様に使います。

4b qui, que のいずれかを入れて文を完成させましょう。

Complétez par « que » ou « qui ».

1. Je coupe les tomates _____ sont sur la table.
2. Il a perdu le couteau _____ je lui ai donné.
3. Je ne connais pas le plat _____ tu as préparé.
4. Prends le sel _____ est derrière toi.

4c 関係代名詞を使って1つの文に書き換えましょう。

Faites une phrase en utilisant un pronom relatif.

1. J'ai mangé le gâteau. Tu l'as fait.
2. Je lave les légumes. Tu les as achetés.
3. Passe-moi la poêle. Elle est sous la table.
4. La quiche n'est pas bonne. Elle est à 4 euros.

4d シェフのセリフを聞いて、絵に物を配置して、キッチンの最初の状態を再現しましょう。

Le chef cuisinier vous demande divers objets de la cuisine. Écoutez et retrouvez leur place selon les indications du chef.

Exemple :
Passe-moi le sel qui est sur la table.

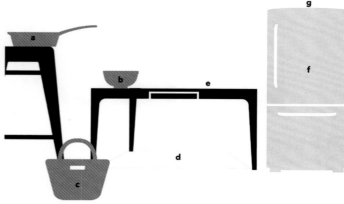

4e 今度はあなたがシェフです。関係代名詞を使って、絵の中の物を相手にとってもらいましょう。

À présent, c'est vous le chef ! Demandez les objets de l'illustration (4d). Utilisez des pronoms relatifs et l'impératif.

5　Dites-le en français

下線部を入れ替えて、フランス語で言いましょう。 *Traduisez en français et faites des variations.*

1. 私は君がくれたパンが好きだ。 ➔ _____

（var 1）　君が焼いた　　　（var 2）　私が昨日買った　　　（var 3）　私が今朝食べた

2. <u>ナイフ</u>をとって、<u>それ</u>をテーブルに置いて。 ➔ _____

（var 1）　フォーク　　　（var 2）　フライパンと鍋　　　（var 3）　スプーン（複数）

6　Focus

> 関係節が主節に埋め込まれている場合は、関係節の後にポーズを入れます。

6a ポーズに気をつけてリピートしましょう。 *Répétez les phrases ci-dessous.*

1-42

Lave les lé**gum**es qui sont devant **toi**.　　　La dame qui parle avec toi / est ma mère.

Prends la **bross**e qu'on a achetée l'autre **jour**.　La fille que tu regardes / s'appelle Sarah.

> 関係代名詞 qui, que は強めません。主節と関係節の間にポーズは入れません。

6b 以下の文を読みましょう。続いて音声を聞いて確認しましょう。
Lisez les phrases ci-dessous puis vérifiez avec l'enregistrement.

1-43
1. Prends la tasse qui est sur la table.
2. Donne-moi les gants qui sont derrière toi.
3. Le couteau que tu as utilisé hier est à moi.
4. Les herbes qui sont dans ce plat sont fraîches.

7　Le petit challenge

7a 以下のテキストを読みましょう。
Lisez le texte ci-dessous.

Le macaron est un petit gâteau moelleux qu'on déguste depuis le Moyen Âge. C'est la spécialité de plusieurs villes comme Amiens ou Chartres.

Le macaron est une pâtisserie qui est difficile à préparer même pour un pâtissier professionnel. Pour fabriquer un macaron, versez de la poudre d'amande dans un bol. Mélangez-la à du sucre et des blancs d'œufs, et ajoutez-y du sucre glace. Mettez la même quantité d'amande que de sucre glace !

Souvent on peut deviner le goût du macaron grâce à sa couleur : le macaron rose est souvent à la fraise ou à la framboise. Le macaron beige est peut-être à la vanille. Mais ce n'est pas toujours possible. En effet, les macarons qui ont du succès en ce moment ont le corps et le cœur de deux parfums différents : poire-orange et praliné-yuzu. Dégustez-les avec du thé vert. C'est délicieux.

7b テキストに関する質問に答えましょう。
Répondez aux questions sur le texte.

1. Le macaron existe depuis quand ?
2. Le macaron est la spécialité de quelles villes ?
3. Il y a quels ingrédients dans un macaron ?
4. Quels sont les macarons à la mode ?

7c 日本のお菓子を紹介しましょう。いつ頃から存在していて、どのような材料で作られているかなどを説明しましょう。
À vous !
Présentez une pâtisserie japonaise.
Expliquez depuis quand elle existe, comment on la fabrique, etc.

9 Tu te rappelles ?

関係代名詞 où, dont

1 Dialogue

1a 本を閉じて会話を聞き、メモを取りましょう。
Livre fermé, écoutez attentivement et prenez des notes.

1-44

Nana : C'est bon ! Qu'est-ce que c'est ?

Julie : C'est le fameux taboulé dont je t'ai parlé.

Nana : Ah oui ? Tu mets quoi dedans ?

Julie : Des tomates, du concombre, des oignons, de la coriandre, du jus de citron… Et il y a de la menthe fraîche !

Nana : J'aime bien le goût de menthe. C'est frais.

Julie : Tu en reprends ?

Nana : Avec plaisir ! La menthe vient de ton jardin ?

Julie : Non, je la prends aux Halles.

Nana : Aux Halles ?

Julie : Oui, c'est le marché où nous sommes allées mercredi dernier. Tu te rappelles ?

Nana : Ah, ça s'appelle « aux Halles » ?

Julie : Ben, on dit « les Halles », aller aux Halles… Tu as compris ?

Nana : Oui, oui. Les Halles, c'est là où tu achètes de la menthe fraîche.

1b 聞こえた食材をチェックしましょう。
Cochez les ingrédients du taboulé.

 du jus de citron
 de la coriandre
 du concombre
 des tomates

 du potiron
 des oignons
 des poivrons
 de la menthe

1c 内容と合っていれば V (vrai)、違っていれば F (faux)をチェックしましょう。 *Vrai ou faux.*

	V	F
1. Nana mange du taboulé.	☐	☐
2. Nana a fait ce taboulé.	☐	☐
3. Il y a de la menthe fraîche dans ce taboulé.	☐	☐
4. « Les Halles » sont un parc.	☐	☐

2 関係代名詞 où

2a 例文を見て、規則を完成させましょう。
Observez les exemples et complétez la règle.

場所を表す状況補語

J'ai visité la maison. Claude Monet est né dans cette maison.
→ J'ai visité la maison où Claude Monet est né.

時を表す状況補語

Elle n'oubliera pas le jour. Elle est arrivée en France ce jour-là.
→ Elle n'oubliera pas le jour où elle est arrivée en France.

復習です！
関係代名詞 qui と que はそれぞれ、関係節の中の主語、直接目的語の時に使いましたね。
J'aime la fille **qui** est là.
Je connais la fille **que** tu aimes.

関係代名詞 où	
関係節の動詞の 直接目的語 ・	場所や時を表す状況補語

2b 関係代名詞を使って1つの文に書き換えましょう。 *Transformez les phrases selon l'exemple.*

Exemple : Il n'a pas aimé la ville. Nous sommes allés ensemble dans cette ville.
　　　　→ Il n'a pas aimé la ville **où** nous sommes allés ensemble.

1. Il y a trop de voitures dans la rue. Tu habites dans cette rue.

2. Le bœuf bourguignon est une spécialité de Bourgogne. On met du vin rouge dans ce plat.

3. Le parc est très coloré au printemps. Les enfants adorent jouer dans ce parc.

4. Je ne me rappelle pas l'année. Laura s'est mariée cette année-là.

2c 関係代名詞 où, qui, que のいずれかを入れましょう。 *Complétez par « où », « qui » et « que ».*

1. Je n'oublierai pas le café _____ je t'ai rencontré.
2. Nous allons au cinéma _____ est juste à côté.
3. Elle aime le dessert _____ tu as fait.
4. 2020, c'est l'année _____ on a déprogrammé les Jeux olympiques.

2d 絵を指差しながら、ペアの相手とできるだけたくさん文を作りましょう。
Par deux, faites des variations selon l'exemple.

Exemple : C'est la gare où je prends le train. C'est le parc où je me promène le dimanche.

se promener - étudier - prendre le train - manger souvent - habiter -
rencontrer mes amis - acheter des livres - acheter des légumes

2e 以下の質問に答えましょう。続いてクラスメートに同じ質問をして、答えをメモしましょう。
Répondez aux questions ci-dessous. Puis posez ces questions à vos camarades. Notez leurs réponses.

A : Quel moment de la journée aimez-vous ?
B : C'est le moment où je prends mon café.

1. Quel moment de la journée aimez-vous ?
2. Quel jour est important dans votre vie ?
3. Quels sont les mois de l'année que vous n'aimez pas ?

> C'est le moment où …
> C'est le jour où …
> Ce sont les mois où …

3 関係代名詞 dont

3a 例文を見て、規則を完成させましょう。
Observez les exemples et complétez la règle.

J'ai vu le film. Tu m'as parlé de ce film la semaine dernière.
↳ J'ai vu le film **dont** tu m'as parlé la semaine dernière.

C'est un livre. J'ai besoin de ce livre.
↳ C'est le livre **dont** j'ai besoin.

> 関係代名詞 dont は à ・ de を含む関係代名詞

> C'est l'explication **dont** j'ai besoin.

> 関係代名詞 dont は、
> parler de
> rêver de
> avoir envie de
> avoir besoin de
> s'occuper de
> se servir de
> と共によく使われ
> ます。

41

3b 40ページの会話を読み、Julie のセリフを書き、なぜ**dont**を使うのか説明しましょう。
Relisez le dialogue page 40, complétez la phrase et expliquez pourquoi on utilise « dont ».

Nana : C'est bon ! Qu'est-ce que c'est ?
Julie : _____

3c 関係代名詞を使って1つの文に書き換えましょう。 *Transformez selon l'exemple.*

Exemple : C'est <u>une chanteuse</u>. On parle beaucoup <u>d'elle</u>.
→ C'est une chanteuse **dont** on parle beaucoup.

1. C'est le smartphone. Tu avais envie de ce smartphone.

2. La tablette est puissante. J'ai besoin de cette tablette pour mon exposé.

3. Il a gagné le prix. Il rêvait de ce prix depuis son enfance.

4. Voici le projet. Je m'occupe de ce projet depuis cet été.

3d 関係代名詞 dont, où, qui, que のいずれかを入れましょう。 *Complétez par un pronom relatif.*

1. Il a perdu le livre _____ il a besoin demain.

2. Le restaurant _____ tu vas le lundi est bon.

3. Voici la photo _____ je t'ai parlé l'autre jour.

4. Ce n'est pas le vélo _____ Cédric a acheté.

3e 例にならって答えましょう。
Répondez.

Ex. A : Tu rêves vraiment de cette voiture ?
B : Ah oui ! C'est la voiture dont je rêve.

1. A : Tu parles vraiment de ce problème ?
2. A : Tu as vraiment envie de ce voyage ?
3. A : Tu as vraiment besoin de cet objet ?
4. A : Tu t'occupes vraiment de ce dossier ?

1-45

3f 説明を聞いて、写真と結びつけましょう。続いて、4人のグループで自分の持ち物を見せ合い、同様に説明しましょう。
Écoutez et associez aux images. Ensuite montrez un objet vous appartenant, et présentez-le de la même façon.

  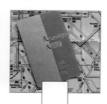  

3g （3人のグループで）以下のなぞなぞの答えを考えましょう。
Formez des groupes de trois personnes. Lisez et trouvez la réponse aux devinettes ci-dessous.

1. C'est un ustensile de cuisine **dont** on se sert pour cuire des crêpes.

2. C'est une spécialité japonaise **qu'**on mange le 31 décembre.

3. C'est une pâtisserie **qu'**on mange à Noël.

4. C'est là **où** on peut acheter des produits frais.

5. C'est un dessert **dont** on a envie en été.

6. C'est là **où** on peut acheter des livres.

7. C'est un appareil **qui** sert à mixer des aliments.

8. C'est un outil **qui** sert à couper de la viande et des légumes, et **qu'**on range dans la cuisine.

4 Dites-le en français

下線部を入れ替えて、フランス語で言いましょう。 *Traduisez en français et faites des variations.*

1. 私が働いている美術館は街の中心にある。 ➡ _____

(var 1) 時々行く   (var 2) 週末を過ごす   (var 3) 友人と会う

2. 私が君に話した小説は面白い。 ➡ _____

(var 1) フランス映画   (var 2) マンガ   (var 3) 都市   (var 4) 社会学の授業

5 Focus

1-46

5a 音声を聞いて、l', le, la を入れましょう。 *Écoutez et écrivez « l' », « le » et « la ».*

1. _____ histoire   2. _____ hôtel   3. _____ huitième
4. _____ haut   5. _____ Hollande   6. _____ homme
7. _____ harcèlement 8. _____ hamburger   9. _____ hôpital
10. _____ haricot   11. _____ hamster   12. _____ habitant
13. _____ héros   14. _____ harpe   15. _____ hamac

> 無音のhでは、エリズィオンやリエゾンをしますが、有音のhでは、どちらもしません。

5b 有音のhで始まる語すべてに赤で下線を引き、覚えましょう。
Soulignez en rouge tous les mots avec un h aspiré et mémorisez la liste.

5c 5aのリストの語を声を出して読みましょう。
Lisez les mots de l'activité 5a à haute voix.

6 Le petit challenge

6a 詩を読みましょう。2人組になって意味を考えましょう。
Lisez le poème. Par deux, réfléchissez au sens du poème.

Le message

La porte que quelqu'un a ouverte

La porte que quelqu'un a refermée

La chaise où quelqu'un s'est assis

Le chat que quelqu'un a caressé

Le fruit que quelqu'un a mordu

La lettre que quelqu'un a lue

La chaise que quelqu'un a renversée

La porte que quelqu'un a ouverte

La route où quelqu'un court encore

Le bois que quelqu'un traverse

La rivière où quelqu'un se jette

L'hôpital où quelqu'un est mort.

Paroles, Jacques Prévert.

6b 以下の写真が表しているフレーズを詩の中から見つけましょう。
Regardez les images et trouvez à quelles phrases du poème elles renvoient.

6c 動詞の現在形の活用に青、複合過去形の活用に赤で下線を引きましょう。
Soulignez en bleu les verbes au présent, en rouge les verbes au passé composé.

6d 次の文で過去分詞にeが付いているのはなぜでしょう。
Pourquoi accorde-t-on le participe passé dans les phrases suivantes ?

1. La porte que quelqu'un a ouverte
2. La lettre que quelqu'un a lue

6e 上の詩を参考に12行の詩を書きましょう。関係代名詞qui, que, dont, oùをそれぞれ複数回使いましょう。
À vous ! Écrivez un poème de 12 lignes sur le même modèle. Utilisez tous les pronoms relatifs (qui, que, dont, où) plusieurs fois.

1 Dialogue

1a 本を閉じて会話を聞き、メモを取りましょう。
Livre fermé, écoutez attentivement et prenez des notes.
🎬 1-47

Éric : Tu voudrais voir quoi pendant ton séjour ?

Nana : J'aimerais bien visiter Versailles, le Mont Saint-Michel, Saint-Émilion, …

Éric : Si j'avais du temps, je te ferais visiter tous ces endroits.

Nana : Les châteaux de la Loire sont loin d'ici ?

Éric : Non, c'est à côté. On pourrait aller à Chambord.

Nana : Chambord ?

Éric : Oui, il y a un beau château qui devrait te plaire.

Nana : D'accord, c'est très gentil.

Éric : On pourrait visiter Chambord le matin, et Cheverny dans l'après-midi.

Nana : Cheverny ? C'est le château de Tintin ?

Éric : Oui, tu connais ?

Nana : Juste de nom.

Éric : Alors, à ta place, je lirais un ou deux albums. Tiens, tu pourrais commencer par *Les Bijoux de la Castafiore*.

Nana : Les bisous de la Castafiore ?

Éric : Bijoux ! Pas bisous, bijoux.

1b 会話を聞いて、正しい答えを選びましょう。
Écoutez et cochez la réponse correcte.

Nana va visiter

☐ des villages

☐ des vignobles

☐ des châteaux

☐ des sites classés UNESCO

☐ des parcs d'attractions

1c 内容と合っていればV (vrai)、違っていれば F (faux)をチェックしましょう。 *Vrai ou faux.*

	V	F
1. Éric propose de visiter un musée.	☐	☐
2. Chambord est un château.	☐	☐
3. Ils visiteront Cheverny le matin.	☐	☐
4. Nana connaît la BD « Tintin ».	☐	☐

2 条件法現在形

▶ 語気緩和、婉曲表現 (exprimer la politesse, atténuer)

1. Je **voudr**ais réserver une chambre. (*cf.* je veux)

2. Tu **devr**ais partir tout de suite. (*cf.* tu dois)

3. Il **faudr**ait recommencer. (*cf.* il faut)

4. Il **vaudr**ait mieux demander les avis des autres. (*cf.* il vaut mieux)

▶ 事実に反する仮定を述べる (hypothèse)

À ta place, je **partir**ais tout de suite.

条件法現在形の作り方

語幹	動詞の不定詞		
語尾	je ____ais	nous ____ions	
	tu ____ais	vous ____iez	
	il / elle / on ____ait	ils / elles ____aient	

語幹は、単純未来形と同じです！

2a 正しいものを選びましょう。 *Choisissez la réponse correcte.*

条件法現在形の語尾は、直説法 現在形・半過去形・単純未来形 の語尾と同じです。

2b 表を見て、penserの条件法現在形の活用をリピートしましょう。続いて、finir, prendreの活用表を埋めましょう。

1-48 *Regardez attentivement la conjugaison de « penser » au conditionnel présent. Répétez.*
Ensuite, complétez la conjugaison des verbes « finir » et « prendre ».

PENSER	
je	penserais
tu	penserais
il/elle	penserait
nous	penserions
vous	penseriez
ils/elles	penseraient

FINIR	
je	finirais
tu	
il/elle	
nous	
vous	
ils/elles	

PRENDRE	
je	prendrais
tu	
il/elle	
nous	
vous	
ils/elles	

* acheter → j'achèterais   se lever → je me lèverais   appeler → j'appellerais

2c travailler, partir, apprendre, acheter, se lever を条件法現在形で活用させましょう。

Conjuguez les verbes « travailler, partir, apprendre, acheter, se lever » au conditionnel présent.

特殊な語幹を使う動詞もあります。

不定詞	語幹	jeの活用	不定詞	語幹	jeの活用
être	➡ ser	je serais	venir	➡ viendr	je viendrais
faire	➡ fer	je ferais	vouloir	➡ voudr	je voudrais
avoir	➡ aur	j'aurais	devoir	➡ devr	je devrais
savoir	➡ saur	je saurais	pouvoir	➡ pourr	je pourrais
aller	➡ ir	j'irais	voir	➡ verr	je verrais

2d 上の表の動詞を条件法現在形で活用させましょう。

Conjuguez lez verbes du tableau.

3 婉曲表現

3a (2人組で) 写真とその名称を結びつけましょう。続いて、例にならって練習しましょう。

Par deux, associez les lieux et les photos. Puis, faites des variations selon l'exemple.

Exemple :

A : **J'aimerais bien** aller à Kyoto en janvier.

B : **Il vaudrait mieux** y aller en avril. C'est plus beau !

le mont Saint-Michel / le château de Versailles /
Les Champs-Élysées / Saint-Émilion

* **simple**
* **facile**
* **compliqué**
* **efficace**
* **rapide**
* **beau**
* **joli**
* **agréable**
* **tranquille**

janvier

avril / beau

a

b

c

- un week-end -
en semaine / agréable

- en mars -
en décembre / joli

- en hiver -
en été / agréable

d

- en août -
au printemps /
tranquille

3b 会話を聞いて、写真と結びつけましょう。続いて、それぞれの会話について、以下の質問に答えましょう。
Écoutez et associez les dialogues aux images puis pour chaque dialogue répondez aux deux questions ci-dessous.

1. Qu'est-ce qu'elle voudrait faire ?
2. Où est-ce qu'elle devrait aller ?

3c 例にならってペアの相手と練習しましょう。
Faites des variations selon l'exemple.

> Je voudrais trouver une école primaire pour ma fille.

> Il faudrait aller à la mairie.

> ouvrir un compte

> échanger un billet de train

> acheter des vêtements

> trouver un travail

> envoyer un colis

---

4 事実に反する仮定

4a ペアの相手と練習しましょう。
Par deux, faites des variations selon l'exemple.

> À ta place, je ferais ce travail !
> もし私だったら〜 ┤条件法現在

Exemple :

mettre un pantalon / mettre une robe

A : Je mets un pantalon.
B : À ta place, je mettrais une robe.

1. partir le soir / partir le matin
2. étudier aux États-Unis / étudier au Japon
3. aller au cinéma / rester à maison
4. prendre le train / prendre le bus
5. se marier avec Oscar / se marier avec Olivier
6. arrêter le piano / continuer

4b テキストを読んで、Maxime にアドバイスを与えましょう。
Lisez le texte ci-dessous et donnez des conseils à Maxime.

> Maxime n'est pas sérieux. Il ne fait pas ses devoirs. Il regarde Netflix 6 heures par jour. Il n'écoute pas ses professeurs. Il se couche très tard. Il arrive souvent en retard.

Que pourrait-on lui dire ?

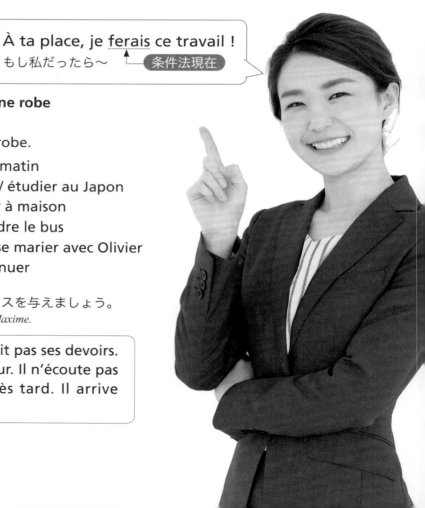

si + 動詞の半過去形 + 条件法現在形

半過去形	条件法現在形

Si j' étais millionnaire, j'achèterais un Picasso.

4c （4人で）下線部を入れ替えて、できるだけ多くの文を作りましょう。
Par quatre, lisez des phrases et changez la partie soulignée. Faites le maximum de variations possibles.

1. Si j'avais un milliard d'euros, j'achèterais une fusée.
2. Si j'avais du temps, je visiterais l'Italie.
3. Si Doraemon était mon ami, j'irais sur la Lune.
4. Si j'étais un objet, je serais un diamant.

5 Dites-le en français

下線部を入れ替えて、フランス語で言いましょう。*Traduisez en français et faites des variations.*

1. 私だったら、アメリカに行かない。 ➔ _____

（var 1）映画を観ない （var 2）バスに乗る （var 3）ヴァカンスに行く

2. 私だったら、それはしない。 ➔ _____

（var 1）言わない （var 2）買わない （var 3）受け入れない （var 4）断らない

6 Focus

（2人組で）読みましょう。続いて音声を聞いて、発音を確認しましょう。
1-50 *Par deux, lisez la liste suivante. Puis vérifiez votre prononciation à l'aide de l'audio.*

⚠️鼻母音で終わる男性形の語が女性形になると、非鼻母音化します。
américain(*m.*) [amerikɛ̃]
→américaine(*f.*) [amerikɛn]

1. bon - bonne
2. championne - champion
3. mignonne - mignon

4. paysan - paysanne
5. musulman - musulmane
6. texane - texan

7. une - un
8. chacune - chacun
9. commun - commune

10. coréen - coréenne
11. lycéenne - lycéen
12. italien - italienne

13. super**man**
14. bar**man**
15. business**man**

⚠️ -man で終わる英語の単語は、鼻母音 [ɑ̃] にはならず、[an] と発音します。
caméraman [kameram**an**]

7 Le petit challenge

7a 以下の文を読んで人物を当てましょう。*Lisez et devinez de qui il s'agit.*

Si j'étais une fleur, je serais le lys.
Si j'étais un nombre, je serais le quatorze.
Si j'étais un astre, je serais le Soleil.
Si j'étais un château, je serais le château de Versailles.

Je suis _____

7b 2人組になって、7aにならって有名人を描写しましょう。
Formez des groupes de deux et écrivez le portrait chinois d'une personne célèbre.

7c 書いた人物描写をクラスメートに読み上げ、人物を当ててもらいましょう。
Lisez ce portrait à d'autres étudiants qui doivent deviner de qui il s'agit.

7d 7aにならって自分の人物描写を書きましょう。
Écrivez un portrait chinois parlant de vous. (Si j'étais un arbre, je serais... Si j'étais une fleur, je serais...)

1 Dialogue

1a 本を閉じて会話を聞き、メモを取りましょう。
Livre fermé, écoutez attentivement et prenez des notes. **1-51**

Éric : Ça ne va pas ? Un problème ?

Théo : J'aurais voulu faire du cheval dans le parc de Chambord.

Éric : Ça, j'aurais aimé le savoir avant ! Tu aurais dû le dire.

Nana : On va à Cheverny. C'est le château que tu voulais voir, non ?

Théo : Non, c'est toi qui voulais y aller !

Éric : On visitera le musée Tintin. Et tu pourras te promener dans le parc. Tu verras, c'est très joli.

Théo : Et je voulais prendre des photos, mais je n'ai pas eu le temps !

Nana : On est bien obligé d'aller vite pour tout voir le même jour !

Théo : Oui, ben ça va trop vite pour moi.
Si j'avais su, je serais resté à la maison.

1b 聞こえた順に番号を振りましょう。
Écoutez et retrouvez l'ordre.

1	faire du cheval
	se promener dans le parc
	prendre des photos
	rester à la maison
	visiter le musée

1c 内容と合っていればV (vrai)、違っていれば F (faux)をチェックしましょう。*Vrai ou faux.*

	V	F
1. Ils vont à Cheverny.	☐	☐
2. Théo va faire du cheval.	☐	☐
3. Théo aime faire des photos.	☐	☐
4. Théo n'est pas content.	☐	☐

2 条件法過去

2a 例文を見て、条件法過去形の作り方を完成させましょう。
Observez puis complétez la règle.

J'<u>aurais voulu</u> vous demander un petit service. （語気緩和）

Tu <u>aurais dû</u> m'en parler. （非難）

Si j'avais su, je <u>serais partie</u> avec lui.

（過去の事実に反する仮定に基づく推測）

条件法過去形の作り方

avoir もしくは être の <u>直説法現在形・条件法現在形</u> ＋ 動詞の過去分詞

1-52 **2b** 表を見て、vouloir の条件法過去形の活用をリピートしましょう。続いて、devoir と partir を条件法過去形で活用させましょう。

Observez et répétez la conjugaison de « vouloir » au conditionnel passé. Ensuite écrivez la conjugaison de « devoir » et « partir ».

VOULOIR	
j'	aur**ais** voulu
tu	aur**ais** voulu
il/elle/on	aur**ait** voulu
nous	aur**ions** voulu
vous	aur**iez** voulu
ils/elles	aur**aient** voulu

DEVOIR	
j'	aur**ais** dû
tu	
il/elle/on	
nous	
vous	
ils/elles	

PARTIR	
je	ser**ais** parti(e)
tu	
il/elle/on	
nous	
vous	
ils/elles	

pause café

Tintin は、Hergé によって描かれた漫画の有名な主人公です。愛犬 Milou と共に様々な冒険をするのですが、その中のいくつかは Moulinsart 城が舞台となっています。
この想像上の城は Cheverny 城をモデルとしています。そして Cheverny 城では、タンタンの冒険旅行の常設展も見ることができます。

2c Christian は怠け者で、以下のことを1つもしませんでした。例にならって「するべきだったのに」と非難しましょう。*Christian est paresseux et n'a fait aucune des choses ci-dessous. Blâmez-le selon l'exemple.*

> Christian **aurait dû** faire les courses lundi.

	lundi	mardi	mercredi	jeudi	vendredi	samedi	dimanche
	faire les courses	faire le ménage	faire les devoirs	rentrer avant 18 h	réviser les cours	voir l'exposition sur Monet	se lever tôt
Christian	×	×	×	×	×	×	×
vous							

2d 2cの表に、自分が行わなかった事柄に×を記入しましょう。続いてペアの相手に尋ねて、行っていない事柄があれば非難しましょう。*Dans le tableau en 2c, marquez d'une croix ce que vous n'avez pas fait. Comparez votre tableau avec celui d'un camarade et blâmez-vous l'un l'autre.*

Exemple :
A : Tu n'as pas fait le ménage mardi ?
B : Non, je ne l'ai pas fait.
A : Tu aurais dû le faire !

2e 例にならって、「～することもできたのに…」と相手を責める文を書きましょう。
Faites des variations selon le modèle.

Exemple : Tu ne m'as pas téléphoné. → Tu **aurais pu** me téléphoner !

1. Tu ne m'as pas aidé. →
2. Tu ne m'as pas dit la vérité. →
3. Vous ne m'avez pas prévenu. →
4. Vous n'êtes pas parti plus tôt. →

2f （4人のグループで）知っていたらやっていたこと、やっていなかったことをできるだけたくさん言いましょう。
(Groupes de 4) Faites le maximum de phrases en utilisant « si j'avais su ». Aidez-vous du vocabulaire ci-dessous.

> **Si j'avais su**, je ne serais pas venu.

> **Si j'avais su**, je ne l'aurais pas dit.

> **Si j'avais su**, j'aurais pris un taxi.

> faire des crêpes, inviter … au restaurant, acheter, réserver plus tôt, prendre l'avion, prendre un parapluie, aller au Canada, rester à …, partir

2g 音声を聞いて、合っている写真を選びましょう。
Écoutez et associez.

1-53

a	b	c	d

  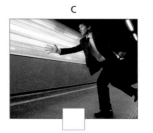 

11

3 強調構文 c'est ... qui, c'est ... que

3a 例文を見て、強調構文の作り方を完成させましょう。
Lisez les exemples et complétez la règle.

Julien va en Belgique avec ses amis cet été.
　①　　　　　②　　　　　③　　　　　④

① **C'est** Julien **qui** va en Belgique avec ses amis cet été.

② **C'est** en Belgique **que** Julien va avec ses amis cet été.

③ **C'est** avec ses amis **que** Julien va en Belgique cet été.

④ **C'est** cet été **que** Julien va en Belgique avec ses amis.

強調構文の作り方	
主語を強調する時	**c'est ... qui** ・ **c'est ... que** を使う。
主語以外を強調する時	**c'est ... qui** ・ **c'est ... que** を使う。

注1　複数の場合は、ce sont ... qui / ce sont ... que になります。
➡ **Ce sont** ces photos **qu'**il nous a envoyées.

注2　代名詞を強調する場合は、強勢形を使います。
➡ C'est **toi** qui m'as téléphoné hier soir ?

注3　動詞は、常に主語の人称と数に合わせて活用させます。
➡ C'est **moi** qui l'**ai mangé**.

3b 次の文の各部分を強調しましょう。
Faites des mises en relief.

J' ai fait cette tarte avec ma mère ce matin.
①　　　　　②　　　　③　　　　④

① _____
② _____
③ _____
④ _____

1-54
3c 会話を聞いて、会話と写真を結びつけましょう。
Écoutez et associez les images aux dialogues.

Exemple　　a□　　　b□

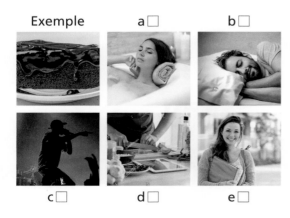

c□　　　d□　　　e□

3d 3cの写真を使って、ペアの相手と会話をしましょう。強調構文を使ってください。
Aidez-vous des images pour jouer les dialogues de l'exercice 3c.

Exemple :

A : Tu prends ce gâteau au chocolat ?

B : Non, c'est cette tarte aux fraises que je prends.

4 Dites-le en français

下線部を入れ替えて、フランス語で言いましょう。 *Traduisez en français et faites des variations.*

1. Marionと食べたのは彼だ。 ➡ _____

（var 1） 私だ　（var 2） 私たちだ　（var 3） 彼らだ　（var 4） あなた？　（var 5） 君？

2. 知っていたら私はそれをやったのに。 ➡ _____

（var 1） それを言ったのに　（var 2） それをやらなかったのに　（var 3） それを言わなかったのに

5 Focus

5a 強調構文を意識してリピートしましょう。
Répétez en respectant la mise en relief.

1-55

C'est toi qui voulais le faire !　　　Ce n'est pas lui qui voulait y aller !

C'est ça que j'aurais dû dire !

> 強調する語は、強く、長めに発音します。強調する語の後に短いポーズを入れて、更に際立たせることもあります。

5b 強調構文のイントネーションを意識して読みましょう。続いて音声を聞いて確認しましょう。
次に以下の文を否定文に変えて読みましょう。
1-56 *Lisez les phrases une fois en respectant la mise en relief. Puis vérifiez à l'aide de l'audio. Dites-les ensuite à la forme négative.*

1. C'est lui qui aurait dû le rendre.
2. C'est ça que tu veux faire.
3. C'est lui qui voulait le faire.
4. C'est moi qui voulais y aller.
5. C'est lui qui voulait l'acheter.
6. C'est ça que je voulais acheter.

6 Le petit challenge

以下の状況を読んで、それぞれの人物の考えとメッセージを書きましょう。
Lisez les situations ci-dessous et écrivez les pensées et les messages de chacun.

Regrets

Jean a des regrets. Son amie Camille est partie à cause de son mauvais comportement. Imaginez ses regrets.

Ex. J'aurais dû lui dire « je t'aime ».

Camille, son ex-fiancée, explique pourquoi elle est partie. Imaginez le message de reproche qu'elle a envoyé. Jean est très surpris du message.

Ex. Tu n'aurais pas dû insulter ma mère !

La grand-mère de Jean apprend sa rupture avec Camille. Elle lui envoie des messages pour lui donner des conseils. Imaginez les 5 conseils envoyés par sa grand-mère.

Ex. Tu pourrais lui envoyer des fleurs.

1 Préparation (宿題)

Devoirs : Préparation des activités 5b, 5c et 5d.

1a 4人のグループを作ります。各グループに教師がフランス本土の地域圏1つと海外県1つを割り当てます。それぞれについて次のことを調べてきます：人口、位置、地域圏の首府、特徴（行くべきところ、見るべきもの）、特産品、郷土料理など。

Créez un groupe de quatre. L'enseignant attribue à chaque groupe une région de France métropolitaine et un DOM-TOM. Vous en étudierez les éléments suivants : population, emplacement, gouvernement local, caractéristiques (où aller, que voir), spécialités, cuisine locale, etc.

1b 与えられた地域圏と海外県の紹介ビデオを探します。

Cherchez une vidéo de présentation. Voici un exemple pour la Bretagne.

Exemple : https://text.asahipress.com/text-web/france/maestro2/l12/1b_exemple/

2 Sensibilisation

2a フランスの本土はどの形に最も近いでしょう。

Quelle est la forme de la France ?

un triangle　　un carré　　un pentagone　　un hexagone　　un heptagone　　un octogone

2b （4人のグループで）フランスの周辺の国をできるだけ多く挙げましょう。どのグループが一番多くの名前を言えるでしょうか。*(Groupes de quatre) Citez les pays ayant une frontière commune avec la France. Quel groupe pourra citer le plus de noms ?*

2c （4人のグループで）フランスの代表的な産物や製品を言えますか。

(Groupes de quatre) Pouvez-vous citer des produits typiques de France ?

2d 外国でよく売れているフランスの製品です。説明を聞いて、写真に名前を記入しましょう。

1-57　　*Écoutez les explications et complétez la légende avec le nom des produits français qui se vendent bien à l'étranger.*

1 _____　　2 _____　　3 _____　　4 _____　　5 _____

3 Compréhension

ここでは、テキストにさっと目を通し、求められている情報を見つける練習をします。

3a フランスに関するテキストを読みましょう。
Lisez le texte sur la France.

1 La France est aussi appelée l'Hexagone car la France métropolitaine a une forme hexagonale.

La population française compte 66 millions d'habitants soit à peu près la moitié de la population japonaise sur un territoire qui représente environ 1,5 fois la taille du Japon.

Un pays de plaines, de montagnes et de mers.

5 La France métropolitaine est bordée au nord par la Manche. À l'ouest, l'océan Atlantique offre de très belles plages de sable fin. Au sud, il y a la mer Méditerranée et la côte d'Azur.

Les montagnes sont des frontières naturelles. Au sud-ouest, les Pyrénées séparent la France de l'Espagne. Au sud-est, il y a les Alpes qui séparent la France, la Suisse et l'Italie. Il y a d'autres montagnes moins hautes : le Massif central, les Vosges, le Jura.

10 La France compte cinq fleuves : le Rhône, la Saône, la Seine, la Garonne et le Rhin qui marque la frontière avec l'Allemagne.

Certains territoires français ne sont pas situés sur le continent européen. C'est le cas en Amérique du Nord (Saint-Pierre-et-Miquelon), dans les Antilles (la Guadeloupe, la Martinique, Saint-Barthélemy et Saint-Martin), en Amérique du Sud (la Guyane), dans

15 l'océan Indien (Mayotte, la Réunion), dans l'océan Pacifique (la Nouvelle-Calédonie, la Polynésie française, Wallis et Futuna, Clipperton), en Antarctique (la terre Adélie).

Ainsi, la France a des frontières terrestres avec l'Italie, la Suisse, l'Espagne, l'Allemagne, la Belgique, le Luxembourg mais aussi avec le Brésil, le Suriname et les Pays-Bas (sur l'île de Saint-Martin).

3b 質問に答えましょう。 *Répondez.*

QUESTIONS :
1. Comment la France est-elle surnommée à cause de sa forme ?
2. La France est-elle plus grande que le Japon ?
3. Quelle est la population de la France ?
4. Comment s'appellent les trois mers qui bordent la France métropolitaine ?
5. Quel est le nom du fleuve qui est la frontière naturelle entre l'Allemagne et la France ?

3c テキストの内容と合っていれば V (vrai)、違っていれば F (faux)をチェックしましょう。 *Vrai ou faux.*

	V	F
1. Le Japon est plus peuplé que la France.	☐	☐
2. La France a une frontière terrestre avec la Pologne.	☐	☐
3. Le Massif central sépare la France de l'Italie.	☐	☐
4. Trois mers bordent la France métropolitaine.	☐	☐

4a （2人組で）フランスの地域圏を正しい位置に入れましょう。
Puzzle : (À deux) Retrouvez la place de chaque région.

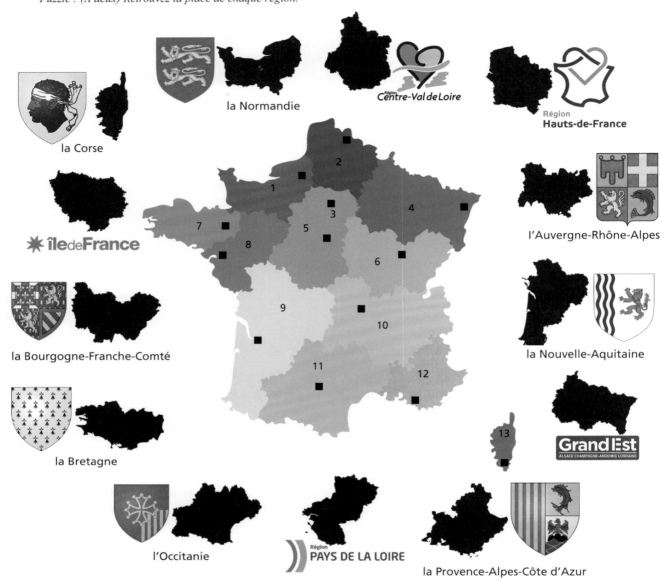

la Normandie

Centre-Val de Loire

Région **Hauts-de-France**

la Corse

îledeFrance

l'Auvergne-Rhône-Alpes

la Bourgogne-Franche-Comté

la Nouvelle-Aquitaine

la Bretagne

Grand Est
ALSACE CHAMPAGNE-ARDENNE LORRAINE

l'Occitanie

Région **PAYS DE LA LOIRE**

la Provence-Alpes-Côte d'Azur

1-58

4b 音声を聞いて、それぞれの地域圏に首府を記入しましょう。
Écoutez et placez les préfectures dans chaque région.

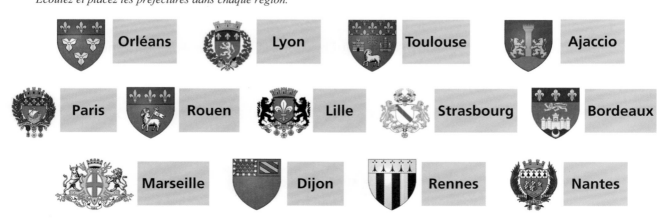

Orléans   Lyon   Toulouse   Ajaccio

Paris   Rouen   Lille   Strasbourg   Bordeaux

Marseille   Dijon   Rennes   Nantes

5 Présenter une région

5a Bourgogne-Franche-Comté についての記述を読みましょう。
Lisez le texte.

La Bourgogne-Franche-Comté est une région de l'est de la France, frontalière à la Suisse. Elle compte environ 3 millions d'habitants. Sa préfecture est Dijon, célèbre pour sa moutarde et son cassis. La région est célèbre pour ses édifices religieux comme les basiliques de Vézelay et Fontenay qui témoignent de son rayonnement passé. Cette région est très touristique. Ses spécialités culinaires sont les vins de Bourgogne, le fromage (comté, époisse...), la crème de cassis, les escargots, la moutarde de Dijon, la saucisse de Morteau, le poulet de Bresse et la fondue.

5b 5a にならって、グループで調べてきた地域圏の紹介文を書きましょう。その際に以下の質問の答えを入れてください。
Écrivez un texte sur la région française que vous avez recherchée à la manière de 5a. Dans ce texte, vous devrez trouver les réponses aux questions ci-dessous.

1. Vous allez parler de quelle région ?
2. Où se trouve la région ?
3. Il y a combien d'habitants dans la région ?
4. Comment s'appellent les habitants de cette région ?
5. Quelle est sa préfecture ?
6. Comment s'appellent les habitants de cette ville ?
7. Il y a des monuments célèbres ?
8. Quelles sont les spécialités culinaires de la région ?

VOCABULAIRE

spécialité, préfecture, région, habitant, monument, célèbre, recommander, culinaire, moutarde, touristique, plaine, montagne, mer, frontalier, border, produit, typique, édifice

5c 各グループは、クラス全体、あるいは他のグループに、担当の地域圏を紹介します。探してきたビデオも見せましょう。他の人は、用意した白地図に情報を書き込みます。
Chaque groupe présentera sa région (texte de présentation, vidéo...) à la classe qui complètera une carte vierge à l'aide des informations obtenues.

5d 調べてきた海外県の紹介を書きましょう。次に、クラスに紹介文を読み上げ、探してきたビデオを見せ、クラスの人はどの県か当てます。
Sans nommer votre DOM-TOM, présentez-le à l'aide d'un texte que vous aurez écrit et d'une vidéo trouvée sur Internet. Vos camarades de classe devront retrouver de quel DOM-TOM il s'agit.

5e (4人のグループで) 一番興味のある、行ってみたいフランスの地域圏や海外県を選び、理由も説明しましょう。
En groupe de quatre, parlez de la région ou du département qui vous intéresse le plus. Dites pourquoi.

BILAN ❷ _____ /100

1 関係代名詞 que, qui, où, dont を使って文を完成させましょう。 Complétez par que / qui / où / dont. _____ / 30

1. C'est moi _____ suis devant toi.
2. Le livre _____ je lis est intéressant.
3. C'est la chanteuse _____ je t'ai parlé.
4. C'est la voiture _____ vous rêvez.
5. Voici la ville _____ je suis né.
6. C'est le musée _____ j'ai visité.
7. C'est l'histoire _____ tu m'as racontée.
8. C'est le livre _____ j'ai besoin.
9. C'est une machine _____ sert à écrire.
10. Donne-moi le journal _____ tu viens d'acheter.
11. C'est toi _____ me parles ?
12. Prends le bol _____ est sur la table.
13. Parle-moi d'un film _____ tu as aimé.
14. Ce ne sont pas des produits _____ j'achète d'habitude.
15. C'est le moment _____ le héros entre dans la maison.

2 条件法現在形に活用させましょう。 Conjuguez au conditionnel présent. _____ / 10

1. tu _____ (être)   2. je _____ (dire)
3. elle _____ (faire)   4. nous _____ (pouvoir)
5. ils _____ (venir)   6. ils _____ (voir)
7. j'_____ (aller)   8. nous _____ (visiter)
9. vous _____ (avoir)   10. nous _____ (vouloir)

3 動詞を適切に活用させて、現在の事実に反する仮定を表しましょう。 Conjuguez les verbes de façon à obtenir une hypothèse sur le présent. _____ / 10

1. Si j' _____ (avoir) de l'argent, je t'_____ (acheter) un beau cadeau.
2. Si tu _____ (vouloir) , tu _____ (pouvoir) faire de grandes choses.
3. Si elle _____ (aller) à Paris, elle _____ (aller) voir la tour Eiffel.
4. Si nous _____ (devoir) changer de vie, nous _____ (partir) à l'étranger.
5. Si elles _____ (être) plus gentilles, elles t'_____ (aider).

4 以下の答えが得られるような質問をしましょう。 Trouvez la question. _____ / 20

1. _____ ? Oui, je le sais.
2. _____ ? Non, je pense qu'ils n'y arriveront pas.
3. _____ ? Oui, je crois qu'elle l'est.
4. _____ ? Si, tu y arriveras !
5. _____ ? Inquiète ? Bien sûr que je le suis !

5 並べ替えて正しい文にしましょう。 Retrouvez l'ordre correct. _____ / 10

1. elle / dû / dire / le / aurait / est-ce qu'
2. ne / pas / la / prendre / pourquoi / tu / veux
3. devons / nous / les / envoyer
4. vous / savoir / ne / comment / faire / le / pas / pouvez
5. en / tu / dois / y / aller / train

6 質問に答えましょう。 Répondez aux questions. _____ / 10

1. Vous allez à Paris demain ? (oui)
2. Vous passez toutes vos vacances en France ? (oui)
3. Vous allez à la fac le mardi ? (oui)
4. Vous arriverez à réviser vos cours ? (oui)
5. Vous allez aller à Paris ? (oui)

7 条件法過去形を使って文を完成させましょう。 Conjuguez la phrase au conditionnel passé. _____ / 10

1. Il _____ (vouloir) le faire.
2. Nous _____ (devoir) lui parler.
3. Elle _____ (partir) samedi.
4. Tu y _____ (aller).
5. Je _____ (devoir) rentrer tôt.

EXPRIMEZ-VOUS 話してみよう！

グループに分かれて、situation 1～4を読み、それぞれの situation に合った会話を準備し、演じましょう。
Formez des groupes. Lisez les situations 1 à 4. Imaginez un dialogue pour chaque situation et jouez-les devant vos camarades de classe.

▶ SITUATION 1

Vous proposez à un ami de vous accompagner à une fête. D'abord, il refuse. Il explique pourquoi il ne veut pas. Vous insistez. Finalement, il accepte.

Imaginez le dialogue.

▶ SITUATION 2

Vous préparez un plat typiquement japonais avec votre amie française. Vous lui montrez comment on fait.
Elle vous pose des questions sur les ingrédients de la recette.

Imaginez le dialogue.

▶ SITUATION 3

Vous proposez à une amie française en visite au Japon de l'accompagner. Vous lui faites des suggestions.

Imaginez le dialogue.

▶ SITUATION 4

Votre amie française a participé à un voyage organisé à Kyoto. Elle n'est pas très contente de son voyage. Elle vous explique pourquoi.

Imaginez le dialogue.

1 復習

1a 4、5人のグループを作ります。メンバーが順番に1つずつコマを進め、書いてある指示に従います。

Formez des groupes de quatre ou cinq. Répondez aux questions ci-dessous.

CASE DÉPART

代名詞を使って答えましょう。 Tu as téléphoné à tes amis ce matin ? **L.5**	答えましょう。 Tu sais que les Français parlent beaucoup ? **L.7**	

メンバー全員と あいさつをし、自己紹介を しましょう。 **L.1**

代名詞を使って答えましょう。 Tu as vu ton prof de français hier ? **L.5**

フランス語で言いましょう！ 「これは私が働いている 映画館です。」 **L.9**

1〜20を数え、続いて序数詞 1er〜20e を言いましょう。 **L.2**

答えましょう。 S'il fait beau dimanche que feras-tu ? **L.4**

フランス語で言いましょう！ 「これは私が君に 話した本です。」 **L.9**

Qu'est-ce que …! を使って 「なんて美しいんだ！」 と言いましょう。 **L.2**

答えましょう。 Que feras-tu demain ? **L.4**

être, aller を条件法現在形 で活用させましょう。 **L.10**

フランス語の勉強に必要 なものを3つ挙げましょう。 （avoir besoin de を使う） **L.3**

partir, être を単純未来形 で活用させましょう。 **L.4**

フランス語で言いましょう！ 「私が食べたのは、 クロワッサンです。」 **L.11**

今したい事を2つ言い ましょう。（avoir envie de を使う） **L.3**

ほしいものを2つ言いま しょう。（avoir envie de を使う） **L.3**

相手が « Si. » と答える 質問を、グループの メンバーにしましょう。 **L.1**

CASE ARRIVÉE

1b （4人のグループで）持ち物を見せながら、買った場所を言いましょう。

 *(Par groupes de 4) Montrez des objets vous appartenant et indiquez où vous les avez achetés.*

Ce stylo est à moi !
C'est un stylo **que j'ai acheté** dans un supermarché à Paris. Ok ?

1c （4人のグループで）あちこちに置いてある物を取ってくれと頼みましょう。

(Groupes de quatre) Disposez des objets personnels sous un livre, sur un cahier, dans un sac, à côté d'une chaise, etc. Et parlez selon le modèle.

QUOI ?		OÙ ?	
le sac	le livre	devant / derrière	la table
le stylo	les clés	sur / sous	la chaise
la gomme	la trousse	à côté de	la porte
le crayon	la gourde	à droite de	la fenêtre
le cahier	le smartphone	à gauche de	le mur

> Passe-moi le sac qui est sous la table !

> Tiens !

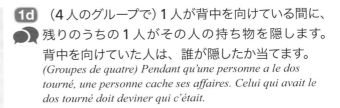

1d （4人のグループで）1人が背中を向けている間に、残りのうちの1人がその人の持ち物を隠します。背中を向けていた人は、誰が隠したか当てます。

(Groupes de quatre) Pendant qu'une personne a le dos tourné, une personne cache ses affaires. Celui qui avait le dos tourné doit deviner qui c'était.

Exemple :

A : C'est toi qui as caché mon stylo ?

B : Non, ce n'est pas moi.

A : Alors, c'est toi qui as caché mon stylo ?

C : Oui, c'est moi.

1e 例にならって、同種の活動を言いましょう。*Regardez les images et trouvez d'autres activités en relation.*

Exemple : travailler dans un café / travailler dans un restaurant / travailler dans un supermarché.

travailler dans un café

aller à la mer

faire une randonnée

étudier la chimie

voir un spectacle

manger dans un restaurant italien

prendre le train

téléphoner à son ami

1f （4人のグループで）1人が週末にすることを言います。他の人は、自分だったらどうするかを言いましょう。

Formez des groupes de quatre. Une personne dit ce qu'elle fera le week-end. Les autres disent ce qu'ils feraient à sa place.

Exemple :

A : Moi, j'irai à la mer ce week-end.

B : À ta place, je n'irais pas à la mer, j'irais à la montagne.

C : À ta place, j'irais …

2 略号

2a 会話を聞いて、空白に聞こえたアルファベットを入れましょう。
Écoutez et complétez avec des lettres que vous entendez.

2-01

Éric : C'est quoi tout ça ?

Nana : Ce sont des notes que j'ai prises aujourd'hui.

Éric : Mais il n'y a que des sigles ?

Nana : Oui, c'est un devoir que mon prof de français nous a donné. On doit noter le maximum de sigles. Mais je ne sais pas comment ça se lit et puis je n'en comprends pas le sens.

Éric : Attends, je vais t'aider. Ça, c'est [ ], ça signifie Habitation au Loyer Modéré.

Nana : On dit un ou une HLM ?

Éric : Une [ ]. Là, c'est [ ]. Le [ ], c'est le journal télévisé. Et ça c'est [ ]. Le [ ], c'est un contrat à durée déterminée.

Nana : Et le [ ] ?

Éric : C'est un contrat à durée indéterminée.

Nana : C'est mieux ?

Éric : Oui, en général.

Nana : Ah oui, j'ai une autre question. Tu lis ça comment ?

Éric : [ ].

Nana : Tu ne dis pas [ ] ?

Éric : Non, c'est américain. On dit aussi [ ] ou [ ] !

Nana : Oui, alors pourquoi on dit [ ] ?

Éric : [ ]... Euh... oui, là tu me poses une colle.

Nana : Ce n'est pas logique !

Éric : Oui, eh bien, c'est comme ça !

2b 略号を書きましょう。続いて、その意味を調べましょう。
Complétez et cherchez le sens des sigles.

1. _____._____._____. = une Habitation au Loyer Modéré
2. _____ _____ = le journal télévisé
3. _____._____._____. = un contrat à durée déterminée
4. _____._____._____. = un contrat à durée indéterminée

2c 音声を聞いて、次の略号をリピートましょう。
Écoutez et répétez.

2-02

1. FBI   2. BBC   3. CIA

2d (3人で) 次の略号が何を指すのか調べ、表を埋めましょう。

(Par trois) Cherchez le sens des sigles ci-dessous et complétez le tableau.

Exemple	OTAN [ɔtɑ̃]	Organisation du Traité de l'Atlantique Nord	北大西洋条約機構
1	OCDE		
2	UE		
3	OMS		
4	ONU		
5	BD		
6	Rsvp		

2e (3、4人で) あなたの友人が texto を読めずに困っています。正しいフランス語に書き換えてあげましょう。

(3 ou 4 personnes) Votre ami vient de recevoir ces textos qu'il n'arrive pas à lire. Aidez-le à les comprendre.

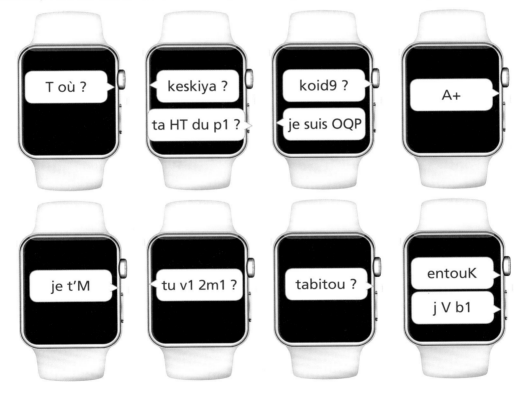

2f (3、4人で) texto を作りましょう。続いてクラスで発表し、他の人は何を意味するか当てましょう。

À votre tour, écrivez un texto (avec 3 ou 4 personnes). Présentez-le à la classe qui doit en deviner le sens.

3 Dictée

鼻母音 [ɔ̃] は、on, om で表記されます。

⚠ om は、p や b の前に現れます。それ以外は on と表記します。

3a 以下の語をリピートしましょう。*Répétez.*

 2-03

long pont oncle pompe sombre

3b 文を書き取りましょう。*Écoutez et écrivez la dictée.*

2-04 1. _____

2. _____

14 *Demandes diverses*

1 Dialogue

1a 本を閉じて会話を聞き、メモを取りましょう。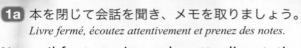
Livre fermé, écoutez attentivement et prenez des notes. 2-05

Nana : Il faut que je rende cette dissertation lundi. C'est impossible !

Éric : Je vais en ville, tu veux que je t'achète quelque chose ?

Nana : Oui, j'aimerais bien que tu m'achètes un croissant.

Éric : Ça marche !

Nana : Tu reviens à quelle heure ?

Éric : Je crois que je serai à la maison vers 11 h.

Nana : Je sais que tu es très occupé, mais je voudrais que tu m'aides à écrire ma dissertation.

Éric : C'est sur quoi ?

Nana : Sur l'écologie. Regarde.

Éric : Attends, il faut que je prenne mes lunettes. Voyons voyons… « *On sauvera la planète si on limite la consommation d'énergie* ». C'est intéressant !

1b 聞こえた順に番号を振りましょう。 *Dans quel ordre avez-vous entendu les expressions suivantes :*

_____	je crois que
_____	je sais que
_____	j'aimerais bien que
_____	tu veux que
_____	je voudrais que
1 / _____	il faut que

1c 内容と合っていれば V (vrai)、違っていれば F (faux) をチェックしましょう。 *Vrai ou faux.*

	V	F
1. Nana veut un croissant.	☐	☐
2. Éric sera à la maison à 11 h.	☐	☐
3. Nana doit écrire une dissertation sur l'économie.	☐	☐
4. Nana a besoin d'aide pour sa dissertation.	☐	☐

2 接続法現在形 1

2a 例文を観察しましょう。続いて、下の表で正しい組み合わせを見つけましょう。
Observez les phrases ci-dessous. Puis complétez la règle.

1. Je sais que tu <u>finis</u> tôt. （finir の直説法）
2. Je veux que tu <u>finisses</u> tôt. （finir の接続法）
3. Je crois qu'elle <u>prend</u> un taxi. （prendre の直説法）
4. Il faut qu'elle <u>prenne</u> un taxi. （prendre の接続法）
5. J'aimerais que tu <u>viennes</u>. （venir の接続法）

主節に一定の表現が来ると、従属節では接続法を使います。

主節	従属節
il faut que / je veux que / j'aimerais que ·	· 直説法
je sais que / je crois que ·	· 接続法

pause café

小論文 (dissertation) は、フランスの人文科学教育の根幹をなしています。

小論文は、記述による論証練習で、多くの場合、まず問題提起があり、続いて、導入、発展、結論の3つの部分から成ります。

小論文の目的は、あらかじめ決められたルールに従って、問題に答えるための、一貫し、論証された思考を構築することです。

2b 正しい組み合わせを見つけましょう。*Associez.*

a. 話し手が事実性を認めている場合 ・	・ 直説法
b. 話し手の頭の中のものの場合 ・	・ 接続法

接続法現在形の作り方

je, tu, il/elle/on, ils/elles の場合	語幹	◇ **ils** の直説法現在形の活用から ent をとったもの ils **parl**ent → **parl** / ils **prenn**ent → **prenn**		
	語尾	que je _____e	que nous _____ions	
		que tu _____es	que vous _____iez	
		qu'il / qu'elle / qu'on _____e	qu'ils / qu'elles _____ent	
nous, vous の場合		◇ 接続法現在形＝直説法半過去形 que nous **parl**ions / que vous **pren**iez		

2c 表を見て、marcher と prendre の接続法現在形の活用をリピートしましょう。続いて、finir と venir の活用表を埋めましょう。

2-06 *Répétez la conjugaison de « marcher » et « prendre ». Puis complétez le tableau pour les verbes « finir » et « venir ».*

MARCHER	
que je	marche
que tu	marches
qu'il/elle	marche
que nous	marchions
que vous	marchiez
qu'ils/elles	marchent

FINIR	
que je	finisse
que tu	
qu'il/elle	
que nous	finissions
que vous	
qu'ils/elles	

PRENDRE	
que je	prenne
que tu	prennes
qu'il/elle	prenne
que nous	prenions
que vous	preniez
qu'ils/elles	prennent

VENIR	
que je	vienne
que tu	
qu'il/elle	
que nous	venions
que vous	
qu'ils/elles	

2d rentrer, réussir, choisir, dormir, partir, lire, dire, boire を接続法現在形で活用させましょう。

Conjuguez les verbes « rentrer, réussir, choisir, dormir, partir, lire, dire, boire » au subjonctif présent.

3 願望、必要性を述べる主節

3a （2人組で）できるだけ多くの文を作りましょう。

Par deux, faites le maximum de phrases à partir du tableau ci-dessous.

主節と従属節の主語は
常に異なります。
○ **Je** veux que **tu** partes.
✕ **Je** veux que **je** parte.
→ ○ **Je** veux partir.

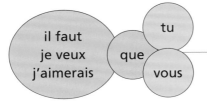

il faut
je veux
j'aimerais
que
tu
vous

manger bio / travailler / voter écolo /
se laver / se coucher tôt / rentrer à 6 h /
marcher tous les jours / participer à une activité /
économiser l'énergie / assister à la réunion

3b 例にならって、il faut que / il ne faut pas que を使って書き換えましょう。*Écrivez des phrases selon le modèle. Utilisez « il (ne) faut (pas) que ».*

Exemple : Tu dois respecter la nature.
→ Il faut que tu respectes la nature.

1. Léo doit manger bio.
2. Tu ne dois pas boire d'alcool.
3. Nous devons économiser l'eau.
4. Vous ne devez pas utiliser ces sacs en plastique.

3c 例にならって、言いましょう。*Changez selon l'exemple.*

Exemple :
A : Il arrive toujours en retard. (à l'heure)
→ B : Je veux qu'il arrive à l'heure.

1. Il mange du pain. (du pain bio)
2. Il prend toujours un taxi. (le bus)
3. Il ne travaille pas. (travailler un peu)
4. Il ne vient pas au cours. (venir au cours)

3d あなたはエコロジストです。例にならって、エコロジストではない同居人にしなければならないことを言ってあげましょう。*Vous êtes écologiste. Votre colocataire ne l'est pas. Dites-lui ce qu'elle doit faire.*

Il faut que tu manges bio.

Je ne veux pas manger bio.

utiliser des sacs en papier ❖ utiliser moins d'eau ❖ économiser l'électricité ❖ acheter des produits bio ❖ prendre ton vélo ❖ trier les ordures ❖ ne pas acheter de bouteilles en plastique ❖ ne pas prendre de bain ❖

3e 音声を聞いて、Christian の明日の予定を書きましょう。*Écoutez et complétez l'emploi du temps de Christian.*

2-07

	à 10 h	à midi	～ 2 h	à 2 h	à 3 h 30	à 5 h	le soir
Christian							

3f 3e の表を見て、以下の質問に Il faut que を使って答えましょう。*Répondez aux questions à propos de l'exercice 3e.*

1. Christian doit faire quoi demain **matin** ?
2. Christian doit faire quoi demain **midi** ?
3. Christian doit faire quoi **l'après-midi** ?
4. Christian doit faire quoi **demain soir** ?

3g 母親になって、Il faut que ... / j'aimerais que ... / Je veux que ...を使って、子供の言っていることに答えてあげましょう。*Cet enfant se plaint. Sa mère répond à chaque plainte par une demande (je veux que ... / j'aimerais que ...) ou un conseil (il faut que ...).*

1 J'ai faim !

2 J'ai sommeil !

3 J'ai de la fièvre !

4 J'ai un test lundi !

4 Dites-le en français

下線部を入れ替えて、フランス語で言いましょう（接続法を使います）。 *Traduisez en français et faites des variations.*

1. 君は出かけなくてはならない。 → _____

（var 1）バゲットを買わなくては　　（var 2）新聞を読まなくては

（var 3）宿題を終えなくては　　（var 4）Marieと一緒に来なくては

2. 私は、あなたたちに成功してほしい。 → _____

（var 1）来て　（var 2）よく考えて　（var 3）ヴァカンスをとって　（var 4）よく寝て

5 Dictée

鼻母音 [ɑ̃] は、an, am, en, em で表記されます。

5a 以下の語をリピートしましょう。 *Répétez.*

2-08　quarante　blanc　lampe　ambiance　cent　lent　temps
ensemble　septembre　entre　enfant　fantôme　chambre

5b 文を書き取りましょう。 *Écoutez et écrivez la dictée.*

2-09　1. _____

2. _____

⚠ am, em は、pやbの前に現れます。
それ以外は an, en と表記します。

6 Le petit challenge

6a ポスターを読んで、地球のためにあなたが
やっていることにチェックをつけましょう。
*Lisez l'affiche ci-dessous, cochez ce que vous faites
pour la planète.*

Pour sauver la Terre, il faut que je …

■ limite ma consommation d'eau.

■ utilise moins de papier.

■ utilise longtemps tous les objets.

■ diminue ma consommation d'énergie.

■ recycle.

■ choisisse des produits sans emballage.

■ utilise des sacs réutilisables.

■ mange uniquement des produits de saison.

■ utilise le vélo et que je marche plus.

6b 自分のエコ診断をしましょう。あなたがエコロジーの
ためにしていること、しなくてはいけないこと、した
くないことについて言いましょう。
*Faites votre autocritique. Dites ce que vous faites, ce que vous devez
faire, ce que vous ne voulez pas faire pour l'écologie.*

15 *Vade retro Satana !*

1 Dialogue

1a 本を閉じて会話を聞き、メモを取りましょう。
Livre fermé, écoutez attentivement et prenez des notes.   2-10

Nana : Qu'est-ce que tu regardes ?
Éric : Je doute que ça t'intéresse : OM-PSG.
Nana : Au contraire, j'adore. C'est Paris qui gagne ?
Éric : Oui, mais je crains qu'ils perdent le match !
Nana : Eh ben moi, j'espère que Marseille va gagner !
Éric : Quoi ? Tu es pour Marseille ? Vade retro Satana !
Nana : Ah ! Ah ! Ah !
Éric : Tu crois vraiment que l'OM pourrait gagner le championnat ?
Nana : Franchement, je ne pense pas que ce soit possible cette année.
Éric : En tout cas, je suis bien content que tu t'intéresses au foot. Comme ça, j'aurai quelqu'un pour regarder la ligue 1 avec moi.
Nana : C'est dommage qu'on ne supporte pas la même équipe.
Éric : Au contraire ! Ça va pimenter la soirée !

1b 会話を聞いて、正しい答えを選びましょう。
Cochez la réponse correcte.

Nana regarde
☐ un match de foot
☐ Satana
☐ des photos de Marseille
☐ un guide sur Paris

1c 内容と合っていれば V (vrai)、違っていれば F (faux)をチェックしましょう。 *Vrai ou faux.*

	V	F
1. Nana n'aime pas le foot.	☐	☐
2. Nana supporte Marseille.	☐	☐
3. Nana et Éric supportent la même équipe.	☐	☐
4. Éric est content.	☐	☐

LE PARC
EXECUTIVE CLUB

BIENVENUE
WELCOME

LE PARC
EXECUTIVE CLUB

2 接続法現在形 2

2a 例文を参考にして、正しい組み合わせを見つけましょう。
Lisez les exemples puis associez.

1	2	3
Je suis heureux qu'elle soit là.	C'est dommage qu'il ne fasse pas beau.	Je ne pense pas que Marie vienne.

4	5	6
Je suis sûr que Léna sera là.	Je pense que c'est possible.	Je ne crois pas que tu réussisses.

a je suis heureux que / c'est dommage que ○

b je ne pense pas que / je ne crois pas que ○

c je pense que / je suis sûr que ○

d 主節が感情を表すとき ○

e croire, penser などの否定形、疑問形のとき ○

f 主節が意見や確信を表すとき ○

○＋直説法

○＋接続法

pause café

Vade retro Satana !（悪魔よ退け！）は、悪魔払いで使われたカトリックの呪文ですが、今日では、おどけた使い方をします。

フランス語では、まだラテン語の表現を使っています。最もよく使用されるものの中に、**ad vitam æternam**（永遠に）、**et cætera**（その他もろもろ）、**ex æquo**（同順位の）、**grosso modo**（おおよそ）、**nec plus ultra**（最良のもの）、などがあります。

2b 以下の動詞は特殊な活用をします。 être, avoir, aller の接続法現在形の活用をリピートしましょう。
次に、vouloir, faire, pouvoir の活用を埋め、p.115 で確認しましょう。

2-11 *Les verbes ci-dessous sont irréguliers. Écoutez et répétez la conjugaison des verbes « être, avoir et aller ». Puis complétez la conjugaison des verbes « vouloir, faire et pouvoir ».*

ÊTRE	
que je	sois
que tu	sois
qu'il/elle	soit
que nous	soyons
que vous	soyez
qu'ils/elles	soient

AVOIR	
que j'	aie
que tu	aies
qu'il/elle	ait
que nous	ayons
que vous	ayez
qu'ils/elles	aient

ALLER	
que j'	aille
que tu	ailles
qu'il/elle	aille
que nous	allions
que vous	alliez
qu'ils/elles	aillent

VOULOIR	
que je	veuille
que tu	
qu'il/elle	
que nous	voulions
que vous	
qu'ils/elles	veuillent

FAIRE	
que je	fasse
que tu	
qu'il/elle	
que nous	fassions
que vous	
qu'ils/elles	

POUVOIR	
que je	puisse
que tu	
qu'il/elle	
que nous	puissions
que vous	
qu'ils/elles	

> これらの動詞は頻繁に使われます。しっかり活用を覚えましょう。

3 主節に感情、croire, penser 等の否定形が来る場合

3a 書き換えましょう。 *Changez selon le modèle.*

Exemple : Il vient demain. (je ne pense pas)
　　　　→ Je ne pense pas qu'il vienne demain.

1. Oscar est marié. (je suis content)
2. Tu fais le ménage à ma place. (je suis désolée)
3. Vous ne dites pas la vérité. (c'est dommage)
4. Cédric a raison. (nous ne croyons pas)
5. Alexis ne peut pas venir avec nous. (je suis triste)

3b 下線部を入れ替えて会話を続けましょう。
Continuez ces dialogues en remplaçant les mots soulignés.

Exemple 1 :

A : Tu peux <u>venir avec moi</u> ?

B : Désolé, je ne peux pas.

B : C'est dommage que tu ne puisses pas <u>venir avec moi</u>.

Exemple 2 :

A : Tu peux <u>venir avec moi</u> ?

B : Oui, bien sûr !

B : Je suis content que tu puisses <u>venir avec moi</u>.

→ venir avec moi
réparer cet ordinateur
venir à la fête
télécharger ce logiciel
me remplacer
m'aider

3c （2人組で）できるだけ多くの文を作りましょう。

(Par deux) Faites le maximum de phrases avec les éléments ci-dessous.

Je suis ravi(e) que	tu	partir / nous quitter / le refuser / accepter /
Je suis navré(e) que	vous	réussir / jouer d'un instrument / être malade /
Je ne crois pas que		avoir un problème

2-12

3d お母さんがLouisに指示を与えています。音声を聞いて、下線部を埋めましょう。

Écoutez et complétez.

Louis, aujourd'hui, nous _____ chez papy et mamie. C'est dommage qu'il ne _____ pas beau, mais enfin, ce n'est pas grave, nous _____ en voiture. Il faut qu'on _____ à neuf heures. Je suis sûre qu'ils _____ ravis de te voir. N'oublie pas d'_____ les photos qu'on a prises la semaine dernière. Je veux que tu _____ souriant et de bonne humeur. Je ne pense pas qu'on _____ rentrer à la maison avant huit heures. Tu peux apporter des livres si tu veux.

2-13

3e 音声を聞いて、対応する絵を選び、聞こえた接続法現在形の動詞の不定詞を書きましょう。

Écoutez, sélectionnez l'image correspondante et écrivez l'infinitif des verbes au subjonctif présent.

a BANQUE b c d

_____ _____ _____ _____

3f マリリンは新しい仕事を見つけました。とても嬉しいと同時に心配もたくさんあります。辞書を使って仕事や同僚に対する心配や喜びを表現しましょう。

Maryline a trouvé un nouveau travail. Elle est à la fois heureuse et inquiète. À l'aide d'un dictionnaire, imaginez ce qu'elle pense à propos de son nouveau travail, de ses collègues, etc.

Exemple : Je crains que ce travail soit un peu ennuyeux.

4 Dites-le en français

下線部を入れ替えて、フランス語で言いましょう。*Traduisez en français et faites les variations.*

1. 私は彼が病気だとは思わない。 ➜ _____

（var 1） 学生だとは　　（var 2） お腹が空いているとは　　（var 3） 喉がかわいているとは

（var 4） 勇気があるとは

2. 私は、あなたたちが来られて嬉しい。 ➜ _____

（var 1） 料理ができて　　（var 2） 1週間残れて　　（var 3） 旅行ができて

（var 4） 彼に会えて

5 Dictée

鼻母音 [ɛ̃] は、in, im, yn, ym, ain, aim, ein, eim で表記されます。

5a 以下の語をリピートしましょう。*Répétez.*

2-14

fin　　important　　syndrome　　symphonie
bain　　faim　　plein　　Reims

5b 文を書き取りましょう。*Écoutez et écrivez la dictée.*

2-15

1. _____

2. _____

6 Le petit challenge

6a このおばあさんと孫娘の内に秘めた思いをすべて表現しましょう。
Exprimez toutes les pensées intériorisées par cette grand-mère et sa petite fille.

Exemple

l'enfant : Je veux que tu vives le plus longtemps possible.
la grand-mère : Je veux que tu sois heureuse.

6b あなたの家族への恐れや不安、希望はなんですか？ 何によってあなたは嬉しくなったり、悲しくなったりしますか？ あなたの確信や疑いはどんなものですか？ それらを述べる文章を 10 行程度で書きましょう。
Quelles sont vos craintes, vos peurs, vos envies pour votre famille ?
De quoi êtes-vous content(e), triste ? Quels sont vos certitudes et vos doutes ?
Écrivez un texte d'une dizaine de lignes pour exprimer tout cela.

1 Dialogue

1a 本を閉じて会話を聞き、メモを取りましょう。
Livre fermé, écoutez attentivement et prenez des notes.

2-16

Éric : Alors, l'expo Monet était comment ?

Nana : Formidable ! J'ai pu voir tous les tableaux en écoutant des explications vraiment passionnantes.

Éric : Tu avais un guide ?

Nana : C'était une appli du musée. J'ai vraiment appris des choses en l'utilisant.

Éric : En utilisant ton smartphone tout le temps, tu regardes ton écran au lieu d'admirer toutes les œuvres attentivement.

Nana : Je ne suis pas d'accord, on comprend mieux en ayant ce genre d'outil. Et puis, je l'ai surtout consulté en attendant dehors, il y avait un monde fou.

Éric : Tu sais, je ne suis pas contre la technologie. Toute la maison est connectée : le frigo, le four, l'aspirateur, la télé, le mixeur, la clim... Oh ! Il est déjà 15 h...

Nana : Tu sors ? Prends mon parapluie, il pleut.

Éric : Ça va, ça va. Je prends le mien. Je vais à la poste. Je serai de retour dans une heure.

1b 聞こえた順に番号を振りましょう。
Indiquez dans quel ordre vous entendez les mots.

un guide   un outil   un parapluie

un tableau   une appli   un écran

1c 内容と合っていればV (vrai)、違っていればF (faux)をチェックしましょう。 *Vrai ou faux.*

	V	F
1. Nana est allée voir une expo.	☐	☐
2. Nana a utilisé l'appli pendant l'expo.	☐	☐
3. Nana propose son parapluie.	☐	☐
4. Nana est contre la technologie.	☐	☐

1d Dialogue で聞こえた家電をチェックしましょう。 *Cochez les mots que vous avez entendus.*

climatiseur   aspirateur   frigo   fer   four   mixeur   imprimante

☐   ☐   ☐   ☐   ☐   ☐   ☐

2 ジェロンディフ

1. Vincent mange **en écoutant** la radio. (→ 同時性)

2. Tu progresseras **en travaillant** plus. (→ 条件) (→ 方法)

3. Elle s'est réveillée **en entendant** un cri. (→ 原因)

4. Elle l'aime **tout en sachant** qu'il aime une autre fille. (→ 対立)

pause café

家庭電化製品ブランドの多くがフランス製であることを知っていましたか。Brandt、SEB、Moulinex、TEFAL、Terraillonなどがそうです。

フランスの家庭でも日本の家庭でもたくさんの家電を使っているという点では同じですが、違いもあります。例えばフランスでは**60%**の家庭が食洗機を装備していますが、エアコンがある家庭はたった**10%**でしかありません。

> ジェロンディフの作り方 ： **en** ＋ 動詞の現在分詞

現在分詞	原則	nous の直説法現在形の語尾 ons を ant に変える nous chantons → chantant
の作り方	例外	être → étant　avoir → ayant　savoir → sachant

> 用法：同時性、条件、方法、原因、対立などを表す。

2a 以下の文を訳し、用法と結びつけましょう。
Traduisez les phrases ci-dessous et associez.

1. Elle est devenue mère **tout en étant** étudiante. ○　　　○ 同時性

2. Il est devenu riche **en travaillant** jour et nuit. ○　　　○ 方法

3. Je vais t'appeler **en arrivant** chez moi. ○　　　○ 対立

2b 以下の動詞の現在分詞を書きましょう。
Écrivez le participe présent des verbes ci-dessous.

1. marcher　　4. faire
2. réfléchir　　5. lire
3. attendre　　6. prendre

2c 音声を聞いて、各文で使われているジェロンディフの不定詞を書きましょう。
Écoutez et notez le verbe de chaque phrase.
2-17

2d 写真を見て状況を説明しましょう。
Décrivez les dessins ci-dessous.

Exemple

➡ Elle prend le bain en chantant.

 1
➡ _____

 2
➡ _____

 3
➡ _____

 4
➡ _____

5
➡ _____

6
➡ _____

 7
➡ _____

2e 3人で、ジェロンディフを使って、以下の質問に対する答えを5つ考えましょう。
Formez des groupes de trois. Trouvez 5 réponses possibles à la question ci-dessous en utilisant des verbes au gérondif.

> Comment peut-on faire des progrès rapides en français ?

3 所有代名詞

3a 例文を読み、所有代名詞の表を埋めましょう。
Lisez les exemples et complétez le tableau des pronoms possessifs.

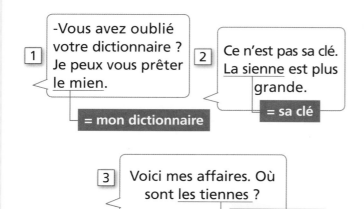

1 -Vous avez oublié votre dictionnaire ? Je peux vous prêter le mien.
= mon dictionnaire

2 Ce n'est pas sa clé. La sienne est plus grande.
= sa clé

3 Voici mes affaires. Où sont les tiennes ?
= tes affaires

	s.		pl.	
	m.	*f.*	*m.*	*f.*
je		la mienne	les miens	les miennes
tu	le tien		les tiens	
il/elle	le sien			
nous	le nôtre		les nôtres	
vous		la vôtre	les vôtres	
ils / elles		la leur	les leurs	

3b （2人組で）下の表を見ながら、会話を続けましょう。次に自分の持ち物を使って続けましょう。
(Par deux) Faites des variations selon l'exemple puis continuez avec des objets personnels.

Exemple :
A : Mes clés sont grises. Et les tiennes ?
B : Les miennes sont oranges. Et les siennes ?
A : Je ne sais pas.

	clés	livre	sac	chemise
A				
B				
C	?		?	

3c （2人組で）同居人が困っているので、解決策を提案してください。できるだけ多くの会話を書き、次に演じてください。
Formez des groupes de deux. Vous êtes en colocation. Votre colocataire a un problème, vous lui proposez de la dépanner. Écrivez plusieurs variations en vous aidant du vocabulaire de la leçon, puis jouez les scènes avec un camarade.

Exemple :
A : Mon ordinateur est cassé.
B : Ton ordinateur est cassé ? Utilise le mien !

j'ai oublié（〜を忘れた）/ j'ai perdu（〜をなくした）
je ne trouve pas（〜が見つからない）
être cassé（〜が壊れている）

4 不定形容詞

toutは、名詞の性と数に一致させます。

	m.	*f.*
s.	tout	toute
pl.	tous	toutes

- Il se plaint **tout** le temps.
- Il chante **toute** la journée.
- Il travaille **tous** les jours.
- Il y a un train **toutes** les 10 minutes.

下線部に tout, toute, tous, toutes を入れましょう。
Complétez par « tout, toute, tous, toutes ».

Hier, Nana a vu l'expo Monet. Elle y est restée _____ la journée. Elle a regardé _____

les tableaux. Il y avait des toiles célèbres dans _____ les salles. Ce n'est pas _____ les jours qu'il

y a une exposition aussi belle.

Après l'expo, elle a envoyé un message à _____ le monde : à _____ sa famille et à _____ ses amis.

5 Dites-le en français

下線部を入れ替えて、フランス語で言いましょう。*Traduisez en français et faites des variations.*

1. このパソコン？ 私のではないです。 ➡ _____

（var 1）[このタブレット]　（var 2）[この靴]　（var 3）[この連絡先]　（var 4）[この手袋]

2. 私たちは、話しながら食べる。 ➡ _____

（var 1）[微笑みながら話す]　（var 2）[景色を見ながら電車に乗る]

（var 3）[ジョギングしながらフランス語の勉強をする]　（var 4）[踊りながら掃除をする]

6 Dictée

母音 [o]、[ɔ] は、o, ô, au, eau で表記されます。

6a 以下の語をリピートしましょう。*Répétez.*

2-18 octobre　port　hôtel　hôpital　restaurant　café au lait　beaucoup　château　chapeau　eau　autre

6b 文を書き取りましょう。*Écoutez et écrivez la dictée.*

2-19 1. _____
2. _____

7 Le petit challenge

7a クロード・モネについての文章を読みましょう。
Lisez le texte sur Claude Monet.

Claude Monet est un peintre français né le 14 novembre 1840 à Paris. C'est son tableau « Impression, soleil levant » qui a donné son nom au courant impressionniste. Durant sa vie, Monet a peint des paysages, des scènes de vie, des cathédrales, les falaises d'Étretat, Venise, etc. Il a également peint une nature maîtrisée en aménageant un jardin à la japonaise dans sa maison de Giverny avec son fameux étang et son pont rouge. L'évolution de son jardin de Giverny est visible dans ses peintures.

Monet est connu dans le monde entier pour avoir peint la série des nymphéas dont l'exposition à New York a eu un grand succès.

Claude Monet est mort le 5 décembre 1926. Lors de ses funérailles, Clémenceau (ancien chef de l'État et grand ami de Monet) a enlevé le drap noir qui recouvrait le cercueil en disant « Pas de noir pour Monet ! Le noir n'est pas une couleur. » Il a rendu hommage une dernière fois à son ami en remplaçant le drap noir par une toile de coton qui avait des couleurs de pervenches, de myosotis et d'hortensias.

7b 正しければ V (vrai)、間違っていれば F (faux) に丸をつけましょう。*Vrai ou faux.*

1. Monet a seulement peint son jardin.　V / F
2. Le mot « impressionniste » vient du titre d'un tableau de Monet.　V / F
3. La série « Les Nymphéas » a eu du succès.　V / F
4. Monet a rendu hommage à Clémenceau.　V / F

1 Dialogue

1a 本を閉じて会話を聞き、メモを取りましょう。
Livre fermé, écoutez attentivement et prenez des notes.
2-20

Julie : Tu cherches quelque chose ?

Nana : Oui, mon dossier d'inscription pour le cours de théâtre. Je le cherche, mais il n'est nulle part.

Julie : Tu vas faire du théâtre ? C'est génial. Tu en as déjà fait ?

Nana : Non, je n'en ai jamais fait.

Julie : Ce n'est pas ça ?

Nana : Fais voir... Non, celui-ci est pour mon cours de natation.

Julie : Et celui-là ?

Nana : Non... Tu peux me passer la chemise qui est à côté de toi ?

Julie : Celle-ci ?

Nana : Oui. C'est bizarre, il n'y a rien dedans. Quelqu'un a utilisé cette chemise ?

Julie : Non, personne n'a touché à tes affaires. C'est impossible.

1b 聞こえたものをチェックしましょう。
Cochez les mots que vous avez entendus.

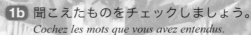

une chemise   un dossier   des affaires

une poupée   des bonbons   un cours de théâtre

1c 以下の文が会話の内容と合っていればV (vrai)、違っていればF (faux) をチェックしましょう。
Vrai ou faux.

	V	F
1. Nana cherche un dossier d'inscription.	☐	☐
2. Nana a déjà fait du théâtre.	☐	☐
3. Nana fait de la natation	☐	☐
4. Il n'y a rien dans la chemise.	☐	☐

2 否定表現

2a 例文を読み、規則を完成させましょう。 *Observez les modèles et complétez la règle.*

① Tu vois **quelqu'un** ?
Non, je **ne** vois **personne**.

② Tu vas **quelque part** ?
Non, je **ne** vais **nulle part**.

③ Tu manges **quelque chose** ?
Non, je **ne** mange **rien**.

quelqu'un（誰か）、quelque part（どこか）、quelque chose（何か）が否定になると以下のように変わります。

① quelqu'un   → _____
② quelque part → _____
③ quelque chose → _____

ne ... personne   ·   · 何も～ない

ne ... rien   ·   · 誰も～ない

2b 以下の質問に、否定で答えましょう。 *Répondez négativement aux questions suivantes :*

- Est-ce que tu vois quelqu'un aujourd'hui ?

- Est-ce que tu parles à quelqu'un aujourd'hui ?

- Est-ce que tu vas quelque part ?

- Est-ce que tu veux quelque chose ?

- Est-ce que tu penses à quelque chose ?

2c 音声を聞いて、会話を完成させましょう。続いて、規則を完成させましょう。

🎧 *Écoutez les dialogues et complétez. Ensuite complétez la règle.*
2-21

Tu as vu _____ aujourd'hui ?

Non, je ___ ai vu _____.

Tu es allée _____ ?

Non, je _____ suis allée _____.

Tu as mangé _____ ?

Non, je _____ ai _____ mangé.

複合過去形において

* personne は、　過去分詞の **前 / 後**
* nulle part は、過去分詞の **前 / 後**
* rien は、　　　　過去分詞の **前 / 後**

2d ne ... personne, ne ... rien を入れて、文を完成させましょう。

Complétez par « ne ... personne, ne ... rien ».

1. - Vous avez quelque chose à nous dire ?
   - Non, je _____ ai _____ à vous dire.

2. - Il y a quelqu'un ? - Non, il _____ y a _____.

3. - Luc a fait quelque chose hier ?
   - Non, il _____ a _____ fait.

4. - Vous avez reçu des amis samedi ?
   - Non, nous _____ avons reçu _____.

2f 音声を聞いて、表に彼らが見たこと、したことを書きましょう。

🎧 *Écoutez et complétez le tableau. Écrivez ce qu'ils ont vu, fait ...*
2-22

	voir	faire	dire	aller
1	un truc bizarre			
2				
3				
4				

2e リストの表現を使って、例のように会話をしましょう。*Changez selon l'exemple.*

Exemple : **voir quelqu'un**

A : Tu as vu quelqu'un hier ?

B : Non, je n'ai vu personne.

A : Tu vois quelqu'un aujourd'hui ?

B : Non, aujourd'hui non plus, je ne vois personne.

* **parler à quelqu'un**
* **inviter quelqu'un**
* **faire quelque chose**
* **aller quelque part**

2g 2f の表を見ながら、質問を聞き、答えましょう。*Écoutez et répondez aux questions à l'aide du tableau 2f.*
2-23

2h テキストを読みましょう。*Lisez le texte.*

Hier, je suis sortie toute la journée. Je suis allée voir mes amies du lycée. On a passé une très bonne journée. On est allées dans un restaurant trois étoiles. On a parlé de beaucoup de choses et on a mangé un délicieux repas. Le soir, j'étais vraiment très fatiguée. Je n'ai rien fait et comme je n'avais pas faim, je n'ai rien mangé. Aujourd'hui, je ne me sens pas très bien. J'ai mal à la tête et au ventre. Je ne vais pas travailler. Je préfère rester chez moi tranquillement dans mon lit.

2i 質問に答えましょう。*Répondez aux questions.*

1. Est-ce qu'elle a fait quelque chose hier ?

2. Est-ce qu'elle est allée quelque part ?

3. Est-ce qu'elle a vu quelqu'un ?

4. Qu'est-ce qu'elle fait aujourd'hui ?

5. Est-ce qu'elle voit quelqu'un aujourd'hui ?

3　主語 quelqu'un

3a 以下の文を読み、正しい答えを選びましょう。*Observez les phrases puis choisissez la bonne réponse.*

> Nana : Quelqu'un a utilisé cette chemise ?
>
> Julie : Non, personne n'a touché à tes affaires. C'est impossible.

> ここでは、personne と quelqu'un は、**主語／直接目的語**　です。

3b Emma は、誰かが自分のものを使ったと怒っています。お母さんになって Emma を安心させてあげましょう。
Emma est très en colère. Elle suspecte sa famille d'utiliser ses affaires. Vous êtes sa mère, répondez en la rassurant.

> Quelqu'un a touché à mes affaires !

> Quelqu'un a utilisé ma poupée !

> Quelqu'un a mangé mes bonbons !

> Quelqu'un a mis ma jupe !

4　指示代名詞

4a 例文を読み、指示代名詞の表を埋めましょう。
Lisez les phrases et complétez le tableau.

1. Ma voiture est rouge mais **celle** (= la voiture) de mon mari est bleue.
2. Il y a deux modèles. Je préfère **celui-ci** (= ce modèle-ci) à **celui-là** (= ce modèle-là).
3. Mes affaires sont là. **Celles** (= les affaires) qui sont sur le canapé ne sont pas à moi.

	s.	pl.
m.	celui	ceux
f.		

> 指示代名詞は、単独では使われません。celui-ci, celui de …, celui qui …のように必ず限定する表現がつきます。

4b 3人で雑誌を見ています。どれが好きか、そしてその理由を言いましょう。
Par 3. Vous regardez un magazine. Dites ce que vous aimez et pourquoi.

A : Quel chapeau est-ce que tu préfères ?
B : Je préfère celui de gauche. Il est plus moderne.
C : Moi, je préfère celui du milieu. J'aime la couleur. Et toi ?
A : Moi, …

- * **la forme**
- * **la couleur**
- * **le style**
- * **la marque**
- * **le design**
- * **moderne**
- * **classique**

voiture
(la marque, la couleur, le style)

bouquet
(la forme, la couleur)

chapeau
(la forme, la couleur, le style)

chaussettes
(la couleur, le style)

5 Dites-le en français

下線部を入れ替えて、フランス語で言いましょう。 *Traduisez en français et faites des variations.*

1. 私は何も言わなかった。➡ ＿＿＿＿＿＿＿＿＿＿＿＿＿

（var 1）しなかった （var 2）持ってこなかった （var 3）買わなかった

（var 4）忘れなかった

2. 私はマリーのカバンが好きです。➡ ＿＿＿＿＿＿＿＿＿＿

（var 1）マリーの （var 2）真ん中の （var 3）ウィンドウにあるの

（var 4）君がくれたの

6 Dictée

母音 [e]、[ɛ] は、
é, è, ê, ë, ai, aî, ei で表記されます。
また、e で表記されることもあります。

astuce

é は常に [e]（狭い「エ」）、è
ê ë は常に [ɛ]（広い「エ」）
と読みます。

e を [e] もしくは [ɛ] と読む
のは以下の場合です。
1. 語末では：
　　e ＋子音字 1 つ
　　　ces, manger

2. 語頭・語中では：
　　e ＋子音字 2 つ以上
je m'appelle, perfection

6a 以下の語をリピートしましょう。 *Répétez.*

2-24 bébé téléphone père mère tête bête Noël faire
connaître neige beige tablette servir les aller

6b 文を書き取りましょう。 *Écoutez et écrivez la dictée.*

2-25
1. ＿＿＿＿＿＿＿＿＿＿＿＿＿＿＿＿＿＿＿
2. ＿＿＿＿＿＿＿＿＿＿＿＿＿＿＿＿＿＿＿

7 Le petit challenge

7a 以下の状況を読んで、会話を書き、それからそのシーンを演じましょう。
Lisez le texte ci-dessous. Écrivez un dialogue, puis jouez la scène.

Georges et Arthur sont amis. Ils ne passent pas leurs vacances
ensemble. Mais ils parlent de leurs futures vacances. Ils se posent des
questions sur ce qu'ils vont faire, où ils vont aller, qui ils vont
rencontrer. Georges a beaucoup de projets. Arthur n'en a pas.
Imaginez le dialogue.

- Tu pars quelque part cet été ?
- Non, moi je ne vais nulle part, je reste chez moi.
...

7b 以下の状況を読んで、会話を書き、それからそのシーンを演じましょう。
Lisez le texte ci-dessous. Écrivez un dialogue, puis jouez la scène.

Deux mois plus tard, Ils se rencontrent à nouveau et parlent de leurs vacances.
Finalement, Georges n'a rien pu faire et Arthur était très occupé.
Imaginez le dialogue.

- Finalement, tu es parti à Miami ?
- Non, ...

Fêtes et festivals フランスのお祭り、イベント

1 Préparation（宿題）

Devoirs : Préparation des activités 5b et 5c.

1a カレンダーを見ながら、知っている日本のお祝いやイベントのリストを季節ごとに作ります。リストアップしたものを、フランスにも存在すると思うものと日本特有のものに分けます。

Prenez un calendrier et listez tous les événements et fêtes que vous connaissez au Japon. Classez-les par saison. Réfléchissez à toutes les fêtes célébrées et en France et au Japon.

Ensuite, listez toutes les fêtes japonaises qui ne sont pas célébrées en France selon vous.

1b 2、3人のグループを作ります。各グループに教師がフランスのお祭りやイベントを割り当てます。それについて次のことを調べてきます：いつから祝っているか、いつ、どこで行われるか、その特徴（スポーツ、文化…）

(Par groupes de 2 ou 3) Vous allez devoir faire des recherches sur une fête ou un événement populaire en France. Notez bien son nom (c'est votre professeur qui vous le donnera). Lors de vos recherches, notez le maximum d'informations (depuis quand cet événement existe, où et quand il a lieu, quelle est sa particularité, si c'est un événement sportif, culturel, etc.)

2 Sensibilisation

2a クラス全員で、以下のお祭りやイベントの名前を当てましょう。

Toute la classe participe pour retrouver le nom du festival ou de l'événement ci-dessous.

- Tu sais ce que c'est ?
- Non, aucune idée ! / Oui, c'est _____

2-26

2b 音を聞いて、写真を選びましょう。*Écoutez et dites de quelle photo il s'agit.*

1. _____ 2. _____ 3. _____ 4. _____

3 Compréhension

ここでは、テキストにさっと目を通し、求められている情報を見つける練習をします。

テキストを読んで、下の表に、フランスで年中行事として行われているお祭りやイベントを書き込みましょう。

Lisez le texte et indiquez dans le tableau les fêtes et événements qui rythment le calendrier en France.

1　Le premier janvier (le jour de l'An) est férié, on se souhaite la bonne année et on mange en famille. Le dimanche suivant, c'est la fête des Rois. On mange la célèbre galette. En février, on fait sauter les crêpes à la Chandeleur. Certaines villes comme Nice ou Dunkerque organisent un grand carnaval. Et bien sûr, le 14, les amoureux
5　s'offrent des cadeaux pour la Saint-Valentin.

À Pâques, les parents cachent des friandises que les enfants cherchent avec joie. Puis, c'est la fête du Travail le premier mai : on s'offre du muguet. Et une semaine plus tard, le 8 mai, on célèbre la fin de la Deuxième Guerre Mondiale. On se rassemble dans les cimetières pour commémorer les soldats morts pour la France. Il y a aussi les examens
10　de fin d'année pour les étudiants.

Juin est le mois du baccalauréat pour les lycéens en terminale. Et on célèbre le premier jour de l'été en musique. En effet, le 21 juin, c'est la fête de la musique. Les Français sortent dans la rue pour assister à des concerts ou jouer de la musique.

Dès juillet, tous les enfants sont en vacances. Certaines familles partent à la mer ou à
15　l'étranger. De nombreux festivals sont organisés. Les Français supportent pendant trois semaines les coureurs du Tour de France. Le 14 juillet (Fête nationale) est très festif : feux d'artifice, fanfare, défilé militaire sur les Champs-Élysées, bals ravissent les petits et les grands. Un deuxième grand feu d'artifice à lieu le 15 août.

Fin août, début septembre, les vacances sont finies. C'est la rentrée. Il y a peu de fêtes
20　en automne, on attend surtout la grande fête de l'année pour les enfants : Noël. Le 25 décembre, toute la famille se retrouve autour d'un grand repas. Le 31 décembre, les Français organisent les dernières festivités de l'année. À Paris, il y a un grand feu d'artifice que les gens admirent de l'avenue des Champs-Élysées.

janvier	février	mars	avril	mai	juin

juillet	août	septembre	octobre	novembre	décembre

4 Localisation

4a 4c に、自分が知っている情報を記入しましょう。 *Complétez l'activité 4c par les informations que vous connaissez déjà.*

4b 質問をリピートしましょう。 *Répétez les questions ci-dessous :*

2-27

1. _____, ça se passe où ? ➡ à Lyon, en Alsace …

2. C'est quel type d'événement ? ➡ un événement sportif / culturel, une fête nationale

3. Ça existe depuis quand ? ➡ Depuis 1890, …

4. Ça se passe quand ? ➡ En mai, en été, au printemps …

4c クラス内を移動して、クラスメートに **4b** の質問をして、得られた情報を記入しましょう。また、イベントと場所を結びつけましょう。

Posez des questions à vos camarades de classe afin de compléter les informations ci-dessous. Puis associez les fêtes à un lieu.

les Fest Noz

mois : _____
type : _____

à Lyon
depuis :
_____

Le Tour de France

mois : _____
type : _____

en Normandie
depuis :
_____

La fête des Lumières

mois : _____
type : _____

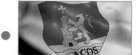
à Dax
depuis :
_____

le festival de Cannes

mois : _____
type : _____

en Alsace
depuis :
_____

le carnaval de Dunkerque

mois : _____
type : _____

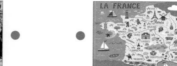
en France
depuis :
_____

les marchés de Noël

mois : _____
type : _____

en Bretagne
depuis :
_____

le défilé du 14 juillet

mois : _____
type : _____

à Paris
depuis :
_____

la feria de Dax

mois : _____
type : _____

sur la Côte d'Azur
depuis :
_____

5 Présenter une fête

5a Nice のカーニバルについてのテキストを読みましょう。
Lisez le texte ci-dessous.

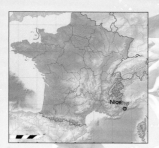

Le carnaval de Nice est le troisième plus grand carnaval du monde. L'origine du carnaval remonte au Moyen Âge, et il est fêté sous sa forme actuelle depuis 1873. Il se déroule chaque hiver, au mois de février. Il dure deux semaines durant lesquelles les spectateurs admirent un défilé de chars accompagnés de grosses têtes burlesques, de musiciens de rue, de danseurs. Chaque année, le Carnaval attire des centaines de milliers de spectateurs français et étrangers.

5b 5a にならって、グループで調べて来たイベントの紹介文を書きましょう。その際に以下の質問の答えを入れてください。
Écrivez un texte sur une fête française que vous avez recherchée à la manière de 5a. Dans ce texte, vous devrez trouver les réponses aux questions ci-dessous.

1. De quelle fête il s'agit ?
2. Elle se passe où ?
3. Elle est fêtée depuis quand ?
4. Quelles sont les activités autour de cette fête ?
5. Est-ce une fête importante ?
6. Attire-t-elle beaucoup de visiteurs ?

VOCABULAIRE

une fête, un événement, Pâques, Noël, la Saint-Valentin, un festival, des spectateurs, un carnaval, un jour férié, festif, une festivité, célébrer, fêter

5c 各グループは、クラス全体、あるいは他のグループに担当のイベントを紹介します。他の人は、情報をメモします。
Chaque groupe présente sa fête à la classe ou à un autre groupe qui écoute et prend des notes.

5d 音声を聞いて、どのイベントについて語っているか書きましょう。彼女たちが、そのイベントを好き、あるいは嫌いな理由を書きましょう。*Écoutez et indiquez de quelle fête elles parlent. Dites pourquoi elles aiment ou n'aiment pas cette fête.*

2-28

1 fête : _____
appréciation : _____
_____
_____

2 fête : _____
appréciation : _____
_____
_____

あなたはこのイベントについてどう思いますか。
Et vous ? Que pensez-vous de cette fête ?

BILAN ❸ _____ /100

1 動詞を接続法現在形に活用させましょう。
Écrivez les verbes au subjonctif présent. _____ / 20

1. Il faut que tu _____ (écrire) une dissertation.
2. Je ne pense pas que ce _____ (être) possible.
3. Nous avons peur qu'elles _____ (avoir) sommeil.
4. Ce serait dommage qu'il ne _____ (réussir) pas.
5. Je ne crois pas qu'elle le _____ (faire).
6. Je crains que vous _____ (changer) d'avis.
7. Je suis contente que tu _____ (venir).
8. Je ne suis pas sûr que nous _____ (avoir) le temps.
9. Il faut qu'elle le _____ (dire).
10. Je ne crois pas qu'ils en _____ (avoir) besoin.

2 tout, tous, toute, toutes のいずれかを入れましょう。
Complétez par tout / tous / toute / toutes. _____ / 10

1. Ils viennent _____ les jours.
2. Elle travaille _____ le temps.
3. Il y a un bus _____ les 5 minutes.
4. _____ la maison est connectée.
5. J'ai lu _____ les livres de la bibliothèque.

3 適切な語を入れて文を完成させましょう。
Complétez par les mots correspondants. _____ / 10

1. _____ sac est bleu, _____ est rouge.   (le tien / mon / mes / les miens)
2. _____ enfants sont très sérieux. _____ n'aiment pas étudier.   (ton / les nôtres / vos / la mienne)
3. Ce sont _____ ? Non _____ clés sont dans mon sac.   (les tiennes / mes / ma / la mienne)
4. Est-ce que _____ fille et _____ fils étudient à Paris ?   (la tienne / la mienne / ta / ton / les tiens)
5. - _____ frigo est cassé. - Ah bon ? _____ aussi !   (le mien / les vôtre / mon / leurs)

4 以下の文が正しいか、間違いか言いましょう。
C'est vrai ou faux ? _____ / 20

1. On progresse en français en jouant aux jeux vidéo.
2. On maigrit en mangeant beaucoup de beurre.
3. On ne doit pas téléphoner en conduisant.
4. On ne peut pas prendre sa douche en chantant.
5. On ne doit pas boire d'alcool en conduisant.

5 並べ替えて正しい文にしましょう。
Retrouvez l'ordre correct. _____ / 10

1. est / bleu / le / mien
2. tu / la / mienne / veux
3. les / elle / siennes / a / perdu
4. pas /mien / le / trouve / je / ne
5. ce / est / n' / pas / leur / la

6 所有代名詞を使って答えましょう。
Répondez aux questions en utilisant un pronom possessif.
_____ / 10

1. Ce sont tes affaires ? (oui)
2. C'est votre chemise ? (oui)
3. C'est ton dossier ? (oui)
4. Est-ce votre sac ? (oui)
5. Ce sont vos enfants ? (oui)

7 以下の動詞のジェロンディフを書きましょう。
Écrivez le gérondif des verbes ci-dessous. _____ / 10

1. être → _____   6. pouvoir → _____
2. avoir → _____   7. savoir   → _____
3. faire → _____   8. finir   → _____
4. dire → _____   9. dormir → _____
5. aller → _____   10. venir   → _____

8 適切な指示代名詞 celui, celle, ceux, celles を入れましょう。
Complétez par celui / celle / ceux / celles. _____ / 10

1. Ce livre est à toi ? Et _____ -ci ?
2. Cette appli est utile. Et _____ -là ?
3. Ces affaires sont à toi. Et _____ -ci ?
4. Ce mixeur est fabriqué en France. Et _____ -là ?
5. Cette imprimante est en couleur. Et _____ -ci ?

EXPRIMEZ-VOUS 話してみよう！

グループに分かれて、situation 1〜4を読み、それぞれのsituationに合った会話を準備し、演じましょう。
Formez des groupes. Lisez les situations 1 à 4. Imaginez un dialogue pour chaque situation et jouez-les devant vos camarades de classe.

▶ SITUATION 1

Votre ordinateur ne fonctionne plus. Vous demandez à votre colocataire de vous aider. Il accepte mais il doit d'abord faire une course.

Imaginez le dialogue.

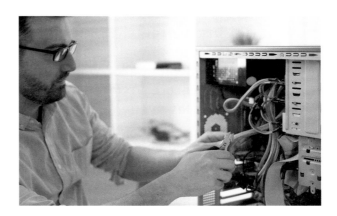

▶ SITUATION 2

Vous discutez avec votre ami à propos de la possible victoire des écologistes aux élections. Votre ami est confiant. Vous êtes pessimiste.

Imaginez le dialogue.
⚠ p.68の表現を使いましょう。

▶ SITUATION 3

Votre colocataire n'est pas écolo. Vous lui expliquez comment avoir un comportement plus écologiste.

Imaginez le dialogue.
⚠ ジェロンディフとp.64の3dの語彙を使いましょう。

▶ SITUATION 4

Votre colocataire est en colère. Il ne retrouve pas certains objets. Il pense que quelqu'un utilise ses affaires quand il est absent.

Imaginez le dialogue.

1 Dialogue

1a 本を閉じて会話を聞き、メモを取りましょう。
Livre fermé, écoutez attentivement et prenez des notes.

2-29

Éric : Tu dînes avec nous ce soir ?

Nana : Non, je suis invitée chez Monica. Nous préparons un exposé sur l'histoire de France.

Éric : Et de quel événement allez-vous parler ?

Nana : Je ne sais pas encore. Pour toi, quels sont les inventions et les événements français les plus importants ?

Éric : L'événement le plus important, c'est sûrement la Révolution de 1789. Et la plus grande découverte, c'est peut-être la pasteurisation.

Nana : La pasteurisation a été découverte par des Français ? Je ne le savais pas.

Éric : Par Louis Pasteur. Et de nombreux objets quotidiens ont été inventés par des Français : le crayon, le métronome, le néon, la carte à puce...

Nana : C'est intéressant. Je pensais qu'en France, on inventait seulement des fromages et des recettes de cuisine.

1b フランス人によって発明されたものをチェックしましょう。 *Cochez les inventions françaises.*

le crayon   la carte à puce   l'ampoule

le néon   le téléphone   le métronome

1c 以下の文が内容と合っていればV (vrai)、違っていればF (faux)をチェックしましょう。
Vrai ou faux.

	V	F
1. Nana va faire un exposé avec Monica.	☐	☐
2. Nana sait de quel événement elle va parler.	☐	☐
3. En 1789, il y a eu une Révolution.	☐	☐
4. En France, on inventait seulement des recettes de cuisine.	☐	☐

2 受動態

2a 以下の文を読み、受動態の作り方を完成させましょう。
Lisez les phrases ci-dessous et choisissez la bonne réponse.

能動態

L'association **organise** un débat.
Simon **invite** Marie.
Les députés **votent** les lois.

受動態

Un débat **est organisé par** l'association.
Marie **est invitée par** Simon.
Les lois **sont votées par** les députés.

この課には、政治に関する語がたくさん出てきます。英語から意味の想像がつく語も多くあります。考えてみましょう。

la politique,
le gouvernement,
le président, le ministre,
le député, le sénateur,
le citoyen, le maire,
le préfet, la révolution,
la loi, le parti politique,
les élections, voter

➡ 青字の語の女性形を見つけましょう。
Cherchez le féminin des mots en bleu.

受動態の作り方

<u>avoir・être</u> の現在形＋動詞の過去分詞

過去分詞は主語の性・数に　一致する・一致しない

2b ペアの相手に受動態の作り方を説明しましょう。
Expliquez la règle de formation de la voix passive à un camarade.

「〜によって」（動作主）を表すときは、一般的に **par** を使いますが、動詞が感情や状態を表すときは **de** を使います。

Il est respecté de tout le monde.

2c 以下の文の動詞は受動態でしょうか、あるいは複合過去形でしょうか。
Les phrases ci-dessous sont-elles passives ou au passé composé ?

1. Le ministre de l'Économie **est parti** en Italie. ·
2. Le contrat **est signé** par le préfet. ·
3. Les députés **sont invités** par les sénateurs. ·
4. Le maire **est rentré** tard de sa réunion. ·

· 受動態

· 複合過去形

2d 受動態に書き換えましょう。
Écrivez les phrases ci-dessous à la forme passive.

1. Les entreprises européennes utilisent ce système.
2. Le président signe cette convention.
3. Les députés discutent la loi.
4. La police recherche le voleur.

2e 受動態に書き換えましょう。
Écrivez les phrases ci-dessous à la forme passive.

1. On utilise ce système en Europe.
2. On signe ces documents.
3. On enseigne le français dans le monde entier.
4. On apprécie la politique du gouvernement.

2f 写真を見ながら会話を続けましょう。
Regardez les photos et continuez la conversation.

A : Est-ce que *Aqil est invité à la fête ?
B : Non, il n'est pas invité.
A : Est-ce que Max et Louis sont invités ?
B : …

2g 写真を見ながら会話を続けましょう。
Regardez les photos et continuez la conversation.

A : Mila est appréciée par Luna ?
B : Non, elle est appréciée par Thomas, Max et Louis.

Mila   Aqil   Luna
Max et Louis   Thomas   Éric et Chloé

Mila
Luna   Éric et Chloé
Max et Louis   Thomas   Aqil

＊固有名詞の場合はエリズィオンをしないことが多いです。

3 受動態の時制

3a 以下の文を読み、受動態の時制についての規則を完成させましょう。
Lisez les phrases ci-dessous et complétez les règles de la voix passive.

① Tous les citoyens **respectent** le maire.
  → Le maire **est respecté** de tous les citoyens.

② Le typhon **a détruit** la ville.
  → La ville **a été détruite** par le typhon.

③ Le prof **interrogera** l'étudiant.
  → L'étudiant **sera interrogé** par le prof.

④ Avant, on **critiquait** le gouvernement.
  → Avant, le gouvernement **était critiqué**.

能動態の時制	受動態	
現在形	être が現在形	
複合過去形	être が	＿＿＿＿＿ 形
単純未来形	être が	＿＿＿＿＿ 形
半過去形	être が	＿＿＿＿＿ 形

3b 以下の文を受動態の文に書き換えましょう。
Écrivez les phrases suivantes à la forme passive.

1. Victor Hugo a écrit « Notre-Dame de Paris ».
2. Pasteur a découvert la pasteurisation.
3. Les U.S.A organiseront encore les J.O.
4. La police protège les citoyens.

3c 文を聞いて、正しい答えをチェックしましょう。
Écoutez et cochez la réponse correspondante.
2-30 *Est-ce que la phrase est à la voix active ou à la voix passive ?*

	Ex.	a	b	c	d	e
能動態 v. active	☑	☐	☐	☐	☐	☐
受動態 v. passive	☐	☐	☐	☐	☐	☐

3d 以下の文を能動態の文に書き換えましょう。*Écrivez les phrases suivantes à la forme active.*

1. Le gouvernement est critiqué par le parti écologiste.
2. Cette exposition a été organisée en 2019 par la ville de Paris.
3. Le témoin sera interrogé par la police.
4. Les excuses ont été acceptées par le maire.

2-31

3e 以下の語句の意味を調べましょう。次に音声を聞いて、出来事と年号、そして絵を結びつけましょう。
Vérifiez le sens des mots ci-dessous. Ensuite écoutez et associez les dates, les images et les événements.

l'invention de la TV

la publication du « Petit Prince »

la découverte de la pasteurisation

la prise de la Bastille

1943   1789   1865   1924

2-32

3f 3e に関する質問を聞き、受動態を使って答えましょう。
Écoutez et répondez aux questions sur l'exercice 3e en utilisant la forme passive.

Que s'est-il passé ?

3g 例にならって文を書きましょう。*Faites des phrases selon l'exemple.*

« Avant, les lois étaient écrites par le roi. Maintenant, elles sont écrites par les députés. Mais un jour, je pense qu'elles seront écrites par les citoyens. »

		AVANT	MAINTENANT	UN JOUR
Ex.	les lois (écrire)	le roi	les députés	les citoyens
1	les voitures (conduire)	les hommes	les hommes et les femmes	les robots
2	le vin (produire)	surtout en Europe	surtout en Europe et en Amérique	surtout en Asie
3	les contrats (signer)	à la plume	avec un stylo	avec un smartphone
4	les voleurs (arrêter)	les samouraïs	les gendarmes	les drones
5	les objets (fabriquer)	les artisans	les usines et les artisans	*les imprimantes 3D

*par ではなく avec を使います。

 s や t で終わる過去分詞に注意！ 語末の s や t は発音しませんが、性の一致で e が付くと発音されて、発音が変わります。(fait, pris, appris, découvert, ouvert, détruit, construit...)

Le discours est **appris**. La leçon aussi est **apprise**.
Un pays a été **découvert**. Une étoile aussi a été **découverte**.
Un immeuble était **détruit**. Une maison aussi était **détruite**.
Un mur sera **construit**. Une route aussi sera **construite**.

4　Dites-le en français

下線部を入れ替えて、フランス語で言いましょう。*Traduisez en français et faites des variations.*

1. この建物は 1800 年に建てられた。 ➡ _____

（var 1）1900年に壊された　　（var 2）10年後に再建築される

2. 首相は皆に知られている。 ➡ _____

（var 1）尊敬されている　　（var 2）愛されている　　（var 3）嫌われている

（var 4）評価されている

5　Dictée

母音 [i] は、i, î, y で表記されます。

5a 以下の語をリピートしましょう。*Répétez.*

🎧 2-33　style　lycée　Sylvie　bicyclette　rythme　Nice　île
cinéma　bibliothèque　ville　police　architecture

5b 文を書き取りましょう。
Écoutez et écrivez la dictée.
🎧 2-34

astuce

[i] の音で終わる女性名詞の語末のスペルは、-ie :
la sortie, la comédie, l'allergie, la chimie　例外 : la nuit

[i] の音で終わる男性名詞の語末のスペルは、様々です :
le mari, le colis, le crédit, le prix,
l'outil, le selfie, le riz, le rugby, le dandy

6　Le petit challenge

6a 以下のテキストを読みましょう。*Lisez le texte ci-dessous.*

Le centre Pompidou (Beaubourg) est un musée d'art moderne et contemporain riche d'une collection de 120 000 œuvres. C'est aussi une bibliothèque, des salles de cinéma, des spectacles de danse... Il est situé à Paris dans le 4ᵉ arrondissement. Il a été inauguré en 1977 et visité par plus de cent millions de personnes.

Les expositions qui ont lieu à Beaubourg sont toujours appréciées du public. C'est l'expo Dali qui a été la plus populaire avec 840 000 visiteurs.

L'architecture du Centre Pompidou a été critiquée au début. En effet, Beaubourg a un style très moderne. Mais il a finalement été accepté par les Parisiens. Son escalator, si particulier, offre aux visiteurs une jolie vue sur Paris.

Mais les temps changent et Beaubourg doit s'adapter. Beaucoup d'activités culturelles sont proposées à Paris et aujourd'hui, il n'est plus nécessaire d'aller au musée ou dans une bibliothèque pour accéder à la culture. À cause de cela, Beaubourg évolue et propose aux visiteurs d'être collaboratifs et d'avoir une participation plus active lors de la visite.

Des antennes ont aussi été ouvertes en province et à l'étranger : à Metz, à Malaga, à Bruxelles et à Shanghaï. D'autres centres seront probablement ouverts dans les prochaines années.

6b 正しければ V (vrai)、間違っていれば F (faux) に丸をつけましょう。*Vrai ou faux.*

1. Beaubourg est aussi une bibliothèque.　V / F
2. On a d'abord critiqué l'architecture du Centre Pompidou.　V / F
3. Le Centre Pompidou n'a pas évolué depuis 1977.　V / F
4. Des antennes ont été ouvertes en Province.　V / F

6c ポンピドゥセンターのホームページを閲覧しましょう。
Visitez le Centre Pompidou en ligne !

www.centrepompidou.fr

Bonne visite !

20 Manque de confiance

大過去、命令形（être, avoir, 代名動詞）

1 Dialogue

1a 本を閉じて会話を聞き、メモを取りましょう。
Livre fermé, écoutez attentivement et prenez des notes. 2-35

Éric : Alors, Nana, ton exposé s'est bien passé ?

Nana : Oui et non. Avec Monica, on avait répété, on s'était entraînées et on s'était même dépêchées pour faire un super PowerPoint.

Éric : Donc vous aviez bien préparé votre exposé.

Nana : Oui, mais Monica a oublié son ordinateur. Alors on n'a rien pu montrer. Je lui avais dit de le prendre.

Éric : Viens me voir ! Assieds-toi ! Explique-moi.

Nana : Quand j'ai compris que Monica n'avait pas apporté son ordinateur, j'ai paniqué. Mais elle, elle est restée cool. Je l'ai trouvée super. Elle n'avait pas de note, pas de PowerPoint, mais elle était parfaite. Alors que moi, j'étais complètement nulle.

Éric : Ne t'inquiète pas ! Aie confiance ! Ne sois pas négative. Tu as fait beaucoup de progrès depuis ton arrivée en France.

1b 聞こえた順に番号を振りましょう。
Écoutez et retrouvez l'ordre.

avoir confiance   s'asseoir   se dépêcher

oublier   s'inquiéter   apporter

1c 以下の文が会話の内容と合っていればV (vrai)、違っていればF (faux)をチェックしましょう。
Vrai ou faux ?

	V	F
1. Monica a apporté son ordinateur.	☐	☐
2. Elles avaient préparé un PowerPoint.	☐	☐
3. Monica était nulle.	☐	☐
4. Nana est inquiète.	☐	☐

2 大過去

大過去形は、過去の一時点より前に起こった事柄をさします。

大過去形	複合過去形	現在形
À 11 heures, j'avais fini le petit-déjeuner.	À 11 h 10, j'ai commencé mes devoirs.	Maintenant, il est 11 h 20. Je fais mes devoirs.

2a 複合過去形の文と、大過去形の文を比べて、大過去形の作り方を完成させましょう。
Comparez la phrase au passé composé avec la phrase au plus-que-parfait et complétez la règle.

大過去形

J'<u>avais préparé</u> le dîner.

Il <u>était parti</u>.

複合過去形

J'<u>ai préparé</u> le dîner.

Il <u>est parti</u>.

大過去形の作り方

avoir もしくは être の 現在形・半過去形 ＋ 動詞の過去分詞

2b être と avoir を半過去形で活用させてから、préparer と partir を大過去形で活用させましょう。
Après avoir conjugué « être » et « avoir » à l'imparfait, conjuguez les verbes « préparer » et « partir » au plus-que-parfait.

PRÉPARER	PARTIR
j'avais préparé	j'étais parti(e)
tu avais préparé	tu étais parti(e)
il avait préparé	il était parti
elle avait préparé	elle était partie
nous avions préparé	nous étions parti(e)s
vous aviez préparé	vous étiez parti(e)(s)
ils avaient préparé	ils étaient partis
elles avaient préparé	elles étaient parties

2c faire, prendre, sortir, rentrer を大過去形で活用させましょう。
Conjuguez les verbes « faire, prendre, sortir, rentrer » au plus-que-parfait.

複合過去の時と同じ助動詞（être / avoir）を使います。

2d 動詞を大過去形に活用させて文を完成させましょう。 *Conjuguez les verbes entre parenthèses au plus-que-parfait.*

1. Quand je suis arrivé à la clinique, le médecin _____ (partir).
2. Il a mangé la tarte que j'_____ (faire) la veille.
3. Tu as perdu ton sac ? Je t'_____ (dire) de faire attention.
4. **A** : Clara n'est pas venue à la réunion. **B** : Elle m' _____ (prévenir) hier soir.

2e 音声を聞いて、行われた順に行為に番号を振りましょう。 *Indiquez dans quel ordre se sont passées les actions.*

2-36

Exemple : J'ai perdu le stylo que tu m'avais prêté.

Ex.	perdre le stylo	2	prêter le stylo	1
a	oublier le document		préparer le document	
b	acheter un parasol		apporter le parasol	
c	avertir		ne pas écouter	
d	téléphoner		se coucher	

2f 子供がやってしまったことに、親がコメントしています。例にならって会話を作りましょう。
La maman fait des reproches à son enfant. Continuez la conversation selon le modèle.

J'ai acheté ce manga.

Je t'avais dit de ne pas l'acheter.

acheter ce manga

J'ai oublié ... J'ai perdu ...
J'ai jeté ... J'ai acheté ...

Je t'avais dit de ne pas ...

mon ticket - mon billet - mon portefeuille -
mon sac - mon smartphone - ma clé -
mon cahier - mes lunettes - ce jeu vidéo -
cette B.D. - ces bonbons - cette appli

3　命令形

◇ être、avoir の命令形

ÊTRE	AVOIR
tu – sois	tu – aie
nous – soyons	nous – ayons
vous – soyez	vous – ayez

言い方はとても大事です。声の調子で、攻撃的にも、好意的にも、威圧的にも、優しくも聞こえます。

3a あなたは小学校の先生です。リスト1の語を使って生徒に注意を与えましょう。初めは、1人 (tu) に、次は複数 (vous) に向かって話しかけましょう。

Vous êtes instituteur. Utilisez les mots de la liste 1 pour parler à vos élèves. Utilisez d'abord « tu » puis « vous ».

> Sois gentil, s'il te plaît ! Ne sois pas méchant !

> Soyez gentils, s'il vous plaît. Ne soyez pas méchants !

3b 落ち込んでいる友人を励ましてあげましょう。初めは、1人 (tu) に、次は複数 (vous) に向かって話しかけましょう。 *Encouragez vos amis qui n'ont pas le moral. Utilisez d'abord le singulier, puis le pluriel.*

> Aie du courage. N'aie pas peur.

> Ayez du courage. N'ayez pas peur.

3c 音声を聞いて表を埋めましょう。
2-37
Écoutez les phrases et complétez le tableau.

	Comment il est ?	Comment il doit être ?
1		
2		
3		
4		

LISTE 1

+	–
gentil	méchant
silencieux	bruyant
attentif	distrait
patient	impatient
courageux	lâche
optimiste	pessimiste
dynamique	timide
détendu	stressé
sage	agité

LISTE 2

+	–
avoir du courage	avoir peur
avoir de la patience	avoir le cafard
avoir de l'humour	avoir honte
avoir de l'esprit	

4 代名動詞の命令形

4a 以下の文を読み、代名動詞の命令形の作り方を完成させましょう。

Lisez les exemples ci-dessous et complétez la règle de l'impératif des verbes pronominaux.

- Vous **vous couchez** avant minuit. → **Couchez-vous** avant minuit.
- Tu **te laves** avant le petit déjeuner. → **Lave-toi** avant le petit déjeuner.
- Tu ne **te maquilles** pas dans le train. → Ne **te maquille** pas dans le train.

代名動詞の命令形の作り方

肯定命令	①主語を落とす	②再帰代名詞は	そのまま動詞の前・動詞の後ろに移動させる
否定命令	①主語を落とす	②再帰代名詞は	そのまま動詞の前・動詞の後ろに移動させる

4b 命令文に書き換えましょう。
Transformez les phrases à l'impératif.

1. Tu t'habilles en noir pour les funérailles.
2. Vous vous lavez tous les jours.
3. Vous ne vous promenez pas seul dans le parc le soir.

4c (2人組で) 何もしない同居人に、やるべきことを次から次へと指示してあげましょう。 *(Par deux)*
Votre ami ne fait rien. Vous lui dites ce qu'il doit faire désormais. Utilisez les verbes de la liste.

> se lever | se laver | s'habiller | se dépêcher s'occuper du chien | se coucher | se reposer | se promener | s'inscrire au cours de yoga

5 Dites-le en français

下線部を入れ替えて、フランス語で言いましょう。 *Traduisez en français et faites des variations.*

1. 君に買ってあげたスカーフをなくしたの？。 → _____

(var 1) プレゼントした本　(var 2) 貸してあげた自転車　(var 3) 作ってあげたケーキ
(var 4) 書いてあげた手紙

2. いい子でいなさい。 → _____

(var 1) 忍耐強くなりなさい　(var 2) 親切でありなさい　(var 3) ぼんやりしないで
(var 4) 意地悪しないで

6 Dictée

6a 次の規則を読みましょう。そして単語を繰り返しましょう。
Lisez les règles suivantes. Puis répétez.
2-38

[s]の音は、s, ss, c, ç, sc, t で表記されます。

1. 多くの場合、s を使います：simple - système - espérer - cosmos
2. ただし、母音に挟まれる環境では、ss を使います：poisson - dessert - impossible - ambassade
3. e, i, y の前では、c, sc を使うこともあります: ceci - cinéma - cygne - facile - scène - science
4. a, o, u の前では、ç を使うこともあります：ça - François - reçu - garçon
5. ion, ie の前では、t を使うこともあります：nation - action - station - démocratie - bureaucratie
6. 例外的に、six[sis], dix[dis] では x を使っています。

6b 文を書き取りましょう。
Écoutez et écrivez la dictée.
2-39

7 Le petit challenge

7a 以下の記事を読み、写真と記事を結びつけましょう。
Lisez les articles ci-dessous. Associez les articles aux photos.

a  b  c

1 La semaine dernière, une lettre postée le 11 août 1937 est arrivée à la poste de Monaco. La lettre a mis plus de 70 ans pour arriver. Cette lettre avait été postée à Saint-Étienne-de-Tinée, une ville des Alpes Maritimes par un certain M. Archiedi qui voulait envoyer un petit mot à sa fiancée Fernande. M. Archiedi avait juste écrit « Bon souvenir ». Comme Fernande est maintenant décédée, c'est le neveu de l'expéditeur qui recevra la fameuse lettre envoyée par son oncle, il y a 72 ans. Étonnant non ?

2 Un voleur vient d'être arrêté avec 10 000 euros de bijoux. Il avait volé les bijoux dans une villa dont les propriétaires étaient partis en vacances. Ils avaient imprudemment dit sur les réseaux sociaux qu'ils avaient pris trois semaines de vacances aux Maldives et avaient posté de nombreuses photos.

3 Mme Michel cherche son chat et propose une récompense de 1000 euros pour toute information.

Napoléon est un chat blanc et noir. Il a été vu la dernière fois dans la rue Saint François.

Napoléon avait déjà disparu une fois cette année, puis était revenu après trois mois d'absence.

Mme Michel est très inquiète.

7b 質問に答えましょう。 *Répondez.*

1. (texte 1) La lettre avait été postée quand ?
2. (texte 2) Pourquoi le voleur savait que les propriétaires étaient absents ?
3. (texte 3) Est-ce la première fois que Napoléon disparaît ?

Demande-lui si elle est d'accord
間接話法

1 Dialogue

1a 本を閉じて会話を聞き、メモを取りましょう。
Livre fermé, écoutez attentivement et prenez des notes.
2-40

Nana : Téléphone ! C'est pour toi.

Julie : C'est qui ?

Nana : C'est la voisine.

Julie : Pourquoi elle n'appelle pas sur mon portable ?
Dis-lui que je la rappellerai, je suis sous la
douche.

Nana : Elle dit que c'est urgent.

Julie : Bon ! Eh bien, demande-lui ce qu'elle veut !

Nana : Elle voudrait savoir à quelle heure est le
rendez-vous demain. Et elle demande si la
manif passe par la rue Nationale.

Julie : Oh là là, mais c'est pas vrai ! Pff... Dis-lui que la
manif part de la rue Nationale et qu'on se
retrouvera tous devant la gare à 11 h. Je me
demande si elle comprend quand on lui parle !

1b 会話でなんと言っていますか。結びつけましょう。
Associez.

1. Elle dit · · que c'est urgent.
2. Demande-lui · · à quelle heure est le rendez-vous.
3. Elle voudrait savoir · · si la manif passe dans la rue Nationale.
4. Elle demande · · ce qu'elle veut.

1c 内容と合っていればV (vrai)、違っていれば
F (faux)をチェックしましょう。*Vrai ou faux.*

	V	F
1. Julie prend une douche.	☐	☐
2. C'est Nana qui appelle Julie.	☐	☐
3. Julie a rendez-vous à 11 h.	☐	☐
4. Il y aura une manifestation demain.	☐	☐

2 間接話法

2a 直接話法と間接話法の文を比べて、間接話法の作り方を完成させましょう。
Comparez les phrases au discours direct et indirect puis complétez le tableau.

直接話法	間接話法
Il me dit : « C'est facile. »	Il me dit **que** c'est facile.
Il me demande : « Est-ce que c'est beau ? »	Il me demande **si** c'est beau.
Il me demande : « Où vont-ils ? »	Il me demande **où** ils vont.
Il me demande : « Qu'est-ce que <u>tu veux</u> ? »	Il me demande **ce que** <u>je veux</u>.

間接話法の作り方

	伝達される文	主節の動詞	接続詞	例
	平叙文：C'est facile.	dire	que / qu'	Il **dit que** c'est facile.
①	疑問詞のない疑問文： Est-ce que c'est vrai ?	demander	____	Il **demande si** c'est vrai.
	疑問詞のある疑問文： Où vas-tu ?	demander	疑問詞：où, quand, ce que...*	Il **demande où** tu vas.
②	人称の変更　Ex. Il dit :« **Je vais** à Nice. » → Il dit qu'**il va** à Nice. Il dit : « **Mon** collègue va à Nice. » → Il dit que **son** collègue va à Nice.			

* « Qu'est-ce que » は **ce que**、
« Qu'est-ce qui » は **ce qui** になります。

間接話法の、従属節の語順：常に「主語＋動詞」です。
Est-ce que をつけたり、主語と動詞の倒置はしません。

2b 間接話法に書き換えましょう。
Écrivez les phrases ci-dessous au discours indirect.

1. Je te dis : « Ce n'est pas possible ! »
2. Il me dit : « Mon collègue t'appelle. »
3. Il nous dit : « Je suis très occupé. »
4. Il dit : « Je ne peux plus attendre. »

2c 間接話法に書き換えましょう。
Écrivez les phrases ci-dessous au discours indirect.

1. Il nous demande : « Qui n'a pas fait ses devoirs ? »
2. Il me demande : « Pourquoi la secrétaire est absente ? »
3. Ils nous demandent : « Quand partez-vous ? »
4. Il demande à Sophie : « Tu vas au bureau ? »
5. Il me demande : « Est-ce que tu m'aimes ? »

2d （3人で）あなたの2人の友達はお互いに知り合いではありません。間に入って、質問と答えを伝達してあげましょう。*Formez des groupes de trois. Faites des variations selon le modèle.*

　　Exemple : **A** : Est-ce qu'il est responsable du projet ? (A→B)
　　　　　　 B : Elle te demande si tu es responsable du projet. (B→C)
　　　　　　 C : Non, je ne suis pas responsable. (C→B)
　　　　　　 B : Il dit qu'il n'est pas responsable. (B→A)
　　　　　　 A : Merci.

| Est-ce qu'il est PDG ? |
| Il travaille à distance ? |
| Il peut venir tous les jours ? |
| À quelle heure est-ce qu'il commence le matin ? |

| « Est-ce qu'il est … ? » |
| « Quand est-ce qu'il … ? » |
| « Où est-ce qu'il … ? » |
| « Avec qui est-ce qu'il … ? » |
| « À quelle heure … ? » |
| « Pourquoi … ? » |

2e 今度は、以下の質問を使って **2d** の練習を行いましょう。« il voudrait savoir … » を使ってください。
Recommencez l'exercice 2d. Cette fois, posez les questions ci-dessous. Utilisez « il voudrait savoir… ».

　　Exemple : **C** : Qu'est-ce qu'elle fait ? (C→B)
　　　　　　 B : Il voudrait savoir ce que tu fais. (B→A)
　　　　　　 A : Je suis pharmacienne. (A→B)
　　　　　　 B : Elle dit qu'elle est pharmacienne. (B→C)
　　　　　　 C : Merci.

1. Il mange quoi au petit déjeuner ?
2. Qu'est-ce qu'il regarde à la télé ?
3. Il cherche quoi ?
4. Il pense quoi de ce film ?
5. Qu'est-ce qu'il pense de Marie ?

| Qu'est-ce qu'il fait le week-end ? |
| Il voudrait savoir ce que tu fais le week-end. |
| Qu'est-ce qu'il dit ? |
| Il voudrait savoir ce que tu dis. |

3 時制の一致

3a 以下の文を読み、時制の一致の規則を完成させましょう。
Lisez les phrases ci-dessous et complétez la règle.

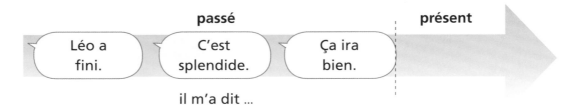

passé　　　　　　　　　　　**présent**

Léo a fini.　　C'est splendide.　　Ça ira bien.

il m'a dit …

Il m'a dit : « C'**est** splendide. »　　Il m'a dit que c'**était** splendide.

Il m'a dit : « Léo **a fini** son travail. »　　Il m'a dit que Léo **avait fini** son travail.

Il m'a dit : « Ça **ira** bien. »　　Il m'a dit que ça **irait** bien.

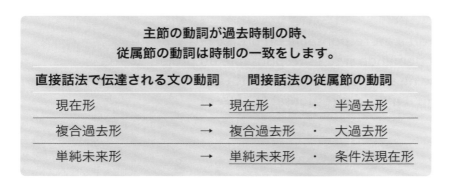

主節の動詞が過去時制の時、
従属節の動詞は時制の一致をします。

直接話法で伝達される文の動詞		間接話法の従属節の動詞
現在形	→	現在形　・　半過去形
複合過去形	→	複合過去形　・　大過去形
単純未来形	→	単純未来形　・　条件法現在形

伝達される文の動詞が、半過去、大過去、条件法の場合は時制の一致をしません。

Il a dit : « À minuit, je **dormais**. »

→ Il a dit qu'à minuit il **dormait**.

3b 間接話法に書き換えましょう。
Écrivez les phrases au discours indirect.

1. Valentin m'a dit : « Je travaille jusqu'au soir. »
2. Robin m'a dit : « J'ai acheté un nouvel ordinateur. »
3. Ils m'ont demandé : « À quelle heure es-tu rentré de ton stage ? »
4. Rose m'a demandé : « Manon partira en voyage d'affaires ? »

3c (2人組で) 友達は水くさくて、何も教えてくれませんでした。後で知ったあなたは、相手にひとこと言いましょう。
(Groupes de deux) Vous venez d'apprendre quelque chose sur un ami. Vous lui reprochez de ne pas vous en avoir parlé.

Exemple : Pourquoi tu ne m'as pas dit que tu avais gagné le premier prix ?
　　　　　Tu aurais pu me le dire.

1. Tu t'es marié avec Manon.
2. Tu as déménagé.
3. Tu as arrêté l'université.
4. Tu as acheté un chien.
5. Tu as eu un accident.
6. Tu es malade.

デモは、フランスで非常によく使われる抗議の手段です。政権と対立する政党、様々な団体や労働組合などが権利を守るため、あるいは新しい権利を獲得するために、デモに参加するよう呼びかけます。

非常に大きな社会的な動きになると、何週間も続くものもあります。同時にストライキも行われ、国の経済にも甚大な被害を与えます。

フランス人は、デモに参加しない場合でも一般的にこうした動きを支持しています。

4 Dites-le en français

下線部を入れ替えて、フランス語で言いましょう。*Traduisez en français et faites des variations.*

1. 彼は私に、幸せだと言っている。➡ _____

（var 1）来週出発すると （var 2）スマートフォンをなくしたと （var 3）映画が面白かったと

2. 私は彼に 40 歳だということを言わなかった。➡ _____

（var 1）疲れていることを （var 2）住所を変えたことを （var 3）Margaux と別れたことを

5 Dictée

5a 以下の語をリピートしましょう。*Répétez.*

🎧 2-41

[z]は、z, s で表記されます。

zéro zèbre onze douze seize bronze
saison Brésil Asie japonaise blouson

s を [z] と発音するのは、2つの母音字に挟まれている時だけです。
amusant [amyzã]

5b 文を書き取りましょう。*Écoutez et écrivez la dictée.*

🎧 2-42

1. _____
2. _____

6 Le petit challenge

6a 辞書をひきながら、以下のテキストを読みましょう。
Lisez le texte ci-dessous à l'aide d'un dictionnaire.

« J'aime regarder les fourmis. Je me pose toujours beaucoup de questions à propos de ces insectes. Par exemple, je me demande si les fourmis dorment. Je me demande s'il y a des fourmis qui manifestent contre leurs conditions de travail. Je me demande s'il y a des fourmis gentilles, égoïstes, des fourmis amoureuses, des fourmis fatiguées le soir. J'aimerais bien savoir combien de temps vivent les fourmis, ce qu'elles pensent quand elles rencontrent une cigale. »

6b あなたは有名な童話「アリとキリギリス」を知っていますね。キリギリスは何とお願いし、アリは何と答えていますか？ フランス語で答えましょう。
Vous connaissez la célèbre fable « la Cigale et la Fourmi ». Que demande la cigale ? Que lui répond la fourmi ? Répondez en français.

6c 以下の表現を使って自問しましょう。
Posez-vous des questions existentielles.

1. Je me demande où …
2. Je me demande comment …
3. Je me demande ce que …
4. Je me demande pourquoi …
5. Je me demande combien …

6d 6a の文章を参考に、好きな昆虫について文章を書きましょう。
À vous ! Écrivez un texte sur le modèle du texte 6a à propos d'un insecte que vous aimez bien.

1 Dialogue

1a 本を閉じて会話を聞き、メモを取りましょう。
Livre fermé, écoutez attentivement et prenez des notes. 2-43

journaliste : Bonjour. C'est pour une enquête sur l'éducation des enfants. Vous pourriez répondre à quelques questions ?

Éric : Je vous écoute.

journaliste : Laissez-vous vos enfants regarder la télé le soir ?

Éric : Seulement le week-end ! En semaine, je leur fais faire leurs devoirs.

journaliste : Est-ce que vous les laissez jouer aux jeux vidéo ou utiliser une tablette ?

Éric : Alors, les jeux vidéo, c'est non. Et ils n'utilisent la tablette que pour chercher des informations qui concernent leurs cours.

journaliste : À votre avis, quelle est la meilleure chose à faire le soir avec des enfants ?

Éric : Je crois que la meilleure chose, c'est de les laisser s'épanouir sans écran... mais ce n'est pas toujours facile.

1b 会話を聞いて、結びつけましょう。 *Associez.*

1. répondre à ·   a. leurs devoirs
2. regarder ·   b. une tablette
3. faire ·   c. quelques questions
4. jouer aux ·   d. des informations
5. utiliser ·   e. la télé
6. chercher ·   f. jeux vidéo

1c 内容と合っていればV (vrai)、違っていればF (faux)をチェックしましょう。 *Vrai ou faux.*

	V	F
1. Les enfants regardent la télé tous les soirs.	☐	☐
2. Les enfants font leurs devoirs le soir.	☐	☐
3. Les enfants jouent aux jeux vidéo sur une tablette.	☐	☐
4. Les enfants utilisent la tablette pour chercher des informations.	☐	☐

2 使役

FAIRE + 不定詞

Cet humoriste **fait rire** tous les spectateurs.
Ce roman m'a **fait pleurer**.

2a 結びつけましょう。 *Associez.*

1. Le prof de maths   •   • a. nous fait dessiner une nature morte.

2. Le prof de musique   •   • b. nous fait apprendre les multiplications.

3. La prof d'arts plastiques   •   • c. nous fait chanter.

4. La prof d'histoire   •   • d. nous fait réciter des poèmes.

5. Le prof de français   •   • e. nous fait lire la biographie de François 1er.

2b 「faire＋不定詞」を使って以下の写真を描写しましょう。

Décrivez les photos ci-dessous. Utilisez « faire+infinitif ».

Exemple : Elle le fait rire.

Exemple	1	2	3	4

> **LAISSER ＋ 不定詞**
>
> Julia **laisse parler** sa fille.
> **Laisse**-moi **travailler** tranquillement.

2c 質問の続きを見つけ、結びつけましょう。 *Associez.*

1. Tu hésites encore ? •   • a. Je te laisse réfléchir.

2. Tu veux rentrer ? •   • b. Je te laisse décider.

3. Tu as sommeil ? •   • c. Je te laisse partir.

4. On se retrouve où demain ? •   • d. Je te laisse dormir.

2d （3人で）あなた方兄弟の親は厳格で、あなた方は自由がほとんどありません。「〜させて」と親への要求を5つ考えましょう。 *Formez des groupes de trois. Vos parents sont très stricts. Vous n'avez presque pas de liberté. Réfléchissez à 5 choses que vous pourriez leur demander.*

Exemple : Laissez-nous jouer à des jeux vidéo deux heures par jour.

2e 音声を聞いて、文章を完成させましょう。続いてペアの相手と文章を訳しましょう。

Écoutez et complétez le texte. Ensuite, par deux, traduisez le texte.

2-44

Eva est la baby-sitter de Lucien _____, Élise _____ et Ludovic _____.
Elle va chercher les enfants à l'école à 4 heures et demie. En rentrant à la maison, elle les
_____ librement dans le jardin. À 6 heures, elle _____
les cours à Lucien. Elle l'aide aussi à faire ses devoirs. Elle _____ Élise et
Ludovic dans le séjour. À 7 heures, elle _____ les enfants. Pendant le
repas, elle ne les _____ pas _____ la télé. Ils parlent beaucoup en mangeant.
Après le repas, elle _____ le bain aux enfants.

3 ne ... que

Il **n'**a **que** 10 ans.   Claire **ne** lit **que** des magazines.
= Il a **seulement** 10 ans.   = Claire lit **seulement** des magazines.

3a 以下の文を、ne … que を使った文に書き換えましょう。
Changez en utilisant « ne … que ».

1. J'ai seulement 100 yens.
2. Mon petit frère boit seulement de l'eau.
3. Les Dubois écoutent seulement du Bach.
4. Les médias parlent seulement de ce scandale.
5. Le PDG pense seulement au bénéfice.

3b 以下の文を訳しましょう。
Traduisez les phrases.

1. Ce n'est qu'un détail.
2. Je ne te demande que ça.
3. Il n'y a pas que ça.
4. Tu penses que je n'ai que ça à faire ?

3c 会話を続けましょう。
Continuez la conversation ci-dessous.

parler 6 langues

A : C'est vrai que tu parles 6 langues ?
B : Non, je ne parle que 3 langues : le japonais, l'anglais et le français.

peser 100 kilos

dépenser ¥ 20 000 par jour

prendre 3 douches par jour

mesurer 1 mètre 95

travailler 16 heures par jour

avoir 4 000 amis Facebook

lire cinq journaux

4 特殊な比較級、最上級

4a （2人組で）写真を見て、言える事をすべて言いましょう。
Par deux, regardez les images et faites le maximum de phrases selon l'exemple.

calme ★

21 ans / 1,70 m
INÈS

dynamique ★

35 ans / 1,54 m
MATÉO

calme ★★

67 ans / 1,70 m
JULIETTE

dynamique ★★

67 ans / 1,85 m
ROCKY

Exemple : Matéo est **plus petit** que les autres, il est **le plus petit**.
Inès est **aussi grande** que Juliette.

4b 表を参考に、比較級の文を書きましょう。
Regardez le tableau puis écrivez des comparaisons.

特殊な形をとる形容詞、副詞

	+	=	−
bon(ne)(s)	meilleur(e)(s)	aussi bon(ne)(s)	moins bon(ne)(s)
bien	mieux	aussi bien	moins bien

Exemple :
Les cerises espagnoles sont **bonnes**. (> les cerises anglaises)
➜ Les cerises espagnoles sont **meilleures que** les cerises anglaises.

1. Je trouve que les gâteaux français sont bons. (> les gâteaux américains)
2. Je trouve que le croque-monsieur est bon. (= le croque-madame)
3. Je trouve que Béatrice chante bien. (> Lucien)

4c （2人組で）料理コンテストの評価を見て、言えることをできるだけ多く言いましょう。
Par deux, commentez les résultats du concours de cuisine.

形容詞 bon、副詞 bien は、最上級でも特殊な形をとります。
le meilleur / la meilleure / les meilleurs / les meilleures / le mieux

la ratatouille　　la bouillabaisse　　la quiche lorraine　　le hachis parmentier　　le poulet basquaise
　★★　　　　★★★★★　　　　　★★★　　　　　　★★★★　　　　　　★★★★

Exemple : Je trouve que la quiche lorraine est meilleure que la ratatouille.
Mais ce n'est pas le meilleur plat !

5　Dites-le en français

下線部を入れ替えて、フランス語で言いましょう。*Traduisez en français et faites des variations.*

1. 私を寝かせておいて。➡ _____

（var 1）に外出させて　（var 2）に話させて　（var 3）に歌わせて　（var 4）にやりたいことをさせて

2. 彼はたったの3歳です。➡ _____

（var 1）肉しか食べない　（var 2）英語しか勉強しない　（var 3）4時間しか寝ない

（var 4）いたずらしかしない

6　Dictée

[ʒ]の音は、j, g で表記されます。

6a 以下の語をリピートしましょう。*Répétez.*

2-45

je　journal　bonjour　Japon
Georges　Gilles　gymnastique
âge

gを[ʒ]と発音するのは、gの後に e, i, y がくる時だけです。
géant [ʒeɑ̃]
gym [ʒim]

6b 文を書き取りましょう。*Écoutez et écrivez la dictée.*

2-46

7　Le petit challenge

7a 以下のテキストを読みましょう。
Lisez le texte ci-dessous.

Le Petit Prince est le livre de littérature le plus vendu au monde. C'est aussi l'ouvrage le plus traduit après la bible.
Son auteur, Antoine de Saint-Exupéry, est mort un an après la parution. Il n'a jamais pu profiter du succès de ce livre.

1
On ne voit bien qu'avec le cœur. L'essentiel est invisible pour les yeux.

* * *
2
On risque de pleurer un peu si l'on s'est laissé apprivoiser.

* * *
3
C'est le temps que tu as perdu pour ta rose qui rend ta rose importante.

* * *
4
Tu te jugeras donc toi-même, lui répondit le roi. C'est le plus difficile. Il est bien plus difficile de se juger soi-même que de juger autrui.

7b 星の王子様の引用を読み、好きなものを言いましょう。引用を暗記しましょう。
Lisez les citations et dites laquelle vous préférez. Mémorisez les citations.

23 C'est trop mignon.

1 Dialogue

1a 本を閉じて会話を聞き、メモを取りましょう。
Livre fermé, écoutez attentivement et prenez des notes.

2-47

Sarah : Qu'est-ce qu'il est beau ton collier !

Nana : N'est-ce pas ? Clément me l'a offert pour Noël.

Sarah : Il te l'a offert ? Tu as de la chance.

Nana : On ne t'a pas fait de cadeau ?

Sarah : Si, mes frères m'en ont fait un. C'était une ceinture. Et puis mon père m'a donné un peu d'argent. On ne m'a jamais offert de bijou.

Nana : En fait, Clément m'avait déjà offert une bague pour mon anniversaire, et aussi un très beau bouquet de fleurs pour la Saint-Valentin. Je suis un peu gênée.

Sarah : Et toi ? Tu lui as fait des cadeaux ?

Nana : Quand je veux lui en faire un, il dit que ce n'est pas la peine, que c'est moi son cadeau.

Sarah : C'est trop mignon.

1b Nanaがもらったプレゼントとその機会を結びつけましょう。*Associez.*

1. un collier · · l'anniversaire

2. une bague · · Noël

3. un bouquet de fleurs · · la Saint-Valentin

1c 内容と合っていればV (vrai)、違っていればF (faux)をチェックしましょう。*Vrai ou faux.*

	V	F
1. Clément a offert un collier à Nana.	❑	❑
2. Sarah n'a jamais reçu de cadeau.	❑	❑
3. Nana n'a pas encore offert de cadeau à Clément.	❑	❑
4. Nana ne veut pas faire de cadeaux à Clément.	❑	❑

2 2つの代名詞の語順

2a 以下の文を読み、代名詞の語順を完成させましょう。
Observez les phrases et retrouvez l'ordre des pronoms. Classez les pronoms dans le tableau gris.

1. - Elle **te** donne ce tapis ? - Oui, elle **me le** donne.
2. - Elle **lui** envoie ce paquet ? - Oui, elle **le lui** envoie demain.
3. - Elle **te** montre des photos ? - Elle **m'en** montre souvent.
4. - Elle **lui** offre des fleurs ? - Non, elle ne **lui en** offre pas.
5. - Il **y** a assez de temps ? - Oui, il **y en** a assez.

donner
envoyer
offrir
montrer
dire

これらの動詞は、直接目的語と間接目的語の両方を取ります。

1	2	3	4	5
			y	

en	lui leur		
le la les	me te nous vous se		

2b 下線部を代名詞にして答えましょう。
Répondez affirmativement puis négativement en utilisant un pronom.

1. Est-ce que je **l'**envoie à Pénélope ? Oui, _____. Non, _____.
2. Est-ce qu'elle **la** donne à ses collègues ? Oui, _____. Non, _____.
3. Est-ce qu'ils **vous** offrent ce livre ? Oui, _____. Non, _____.
4. Est-ce que tu **me** prêtes ta veste ? Oui, _____. Non, _____.

2c 会話を聞いて、空欄部を埋めましょう。
🎧 *Écoutez et complétez le dialogue.*
2-48

marchand : Bonjour, vous désirez ?

cliente : Je vais prendre des pommes.

marchand : Je ☐ mets combien ?

cliente : Vous ☐ mettez deux kilos.

marchand : Vous voulez autre chose ?

cliente : Oui, des oignons...

marchand : Je ☐ mets combien ?

cliente : Donnez-☐ un kilo.

2d （2人組で）買い物のシーンを書き、続いて演じましょう。トマト1kg、ぶどう500g、サクランボ1kg、じゃがいも2kgを買ってください。
À vous ! Vous achetez 1 kilo de tomates, 500 grammes de raisin,1 kilo de cerises et deux kilos de pommes de terre. Écrivez le dialogue et jouez la scène.

2e 下の表を見ながら会話を続けましょう。
💬 *Continuez la conversation à partir du tableau ci-dessous.*

A : Est-ce que Lucas va faire un cadeau à Pierre et Fanny ?
B : Oui, il compte **leur** offrir des livres.
A : C'est la première fois qu'il **leur en** offre ?
B : Non, c'est la deuxième fois.

	Lucas	Thomas	Pierre et Fanny	Paul
Lucas	—	1ère du chocolat	2ème des livres	✕
Thomas	2ème un cadeau	—	✕	3ème de l'argent
Pierre et Fanny	1ère de l'argent	✕	—	2ème du chocolat
Paul	✕	3ème des livres	1ère un cadeau	—

vouloir / pouvoir / devoir / falloir + 不定詞の場合、代名詞は、不定詞の前に入ります。
Je ne veux pas **lui en** donner.

2f 下線部を入れ替えて、続けましょう。
💬 *Remplacez la partie soulignée par un des mots de la liste.*

A : Tu peux me prêter <u>ta montre</u> ?
B : Je peux même te <u>la</u> donner.
A : Tu me <u>la</u> donne ? Tu plaisantes ?
B : Non, non. Je te <u>la</u> donne. Tiens.

 la montre
 le collier
 la broche
 le pendentif

 le bracelet
 les boucles d'oreilles
 la bague
 la ceinture

2g 下線部を代名詞にして答えましょう。
Répondez en utilisant un pronom.

1. Tu **l'**as dit <u>à Maxence</u> ?
2. Tu **l'**as montré <u>à tes amis</u> ?
3. Vous **m'**avez déjà donné <u>la clé</u> ?
4. Il **t'**a présenté <u>sa fiancée</u> ?

2h 下線部を入れ替えて続けましょう。
Faites des variations selon le modèle.

A : Il **t'**a parlé <u>de ses problèmes</u> ?

B : Oui, il **m'en** a déjà parlé.
　　Non, il ne **m'en** a jamais parlé.

ses affaires
ses projets
ses vacances
sa nouvelle moto
sa maladie

2i ペアの相手に、チョコレートやプレゼント、お金などをだれかにあげたことがあるか、どのような機会に
あげたのか、質問しましょう。*Posez des questions à un camarade. Demandez-lui s'il a déjà offert du chocolat, de l'argent à quelqu'un et à quelle occasion.*

As-tu déjà offert du chocolat à ta meilleure amie ? ➡ Non, je ne **lui en** ai jamais offert.

Oui, je **lui en** ai déjà offert.

Tu **lui en** as offert à quelle occasion ?

C'était pour son anniversaire.

単数の場合は、最後に un / une を残します。
Oui, je lui en ai déjà offert **un**.

offrir quelque chose
donner de l'argent
faire un cadeau

2j 音声を聞いて、表を埋めましょう。*Écoutez et complétez le tableau.*

2-49

	QUI	QUOI	À QUI	POURQUOI
1				
2				
3				
4				

2k 表を参考にして会話を続けましょう。その際、できるだけ代名詞を使います。また、主語を入れ替えて練習
しましょう。*Regardez le tableau et continuez la conversation en utilisant des pronoms. Ensuite variez les sujets.*

A : Hier, j'ai offert des fleurs à Marina.
B : Pour quelle raison ?
A : Je **lui en** ai offert pour m'excuser.

	À QUI	QUOI	QUAND	POURQUOI
1	Marina	des fleurs	hier	pour s'excuser
2	Camille	des bijoux	il y a trois jours	pour son anniversaire
3	Nina	des lunettes de soleil	la semaine dernière	pour Noël
4	Julie	des vêtements	il y a deux semaines	sans raison

3 Dites-le en français

下線部を入れ替えて、フランス語で言いましょう。*Traduisez en français et faites des variations.*

1. 私はあなたに友人（複数）を紹介する。➜ _____

(var 1) あなたに彼らを　(var 2) あなたに彼女を　(var 3) あなたに彼を

2. <u>彼は私に彼の写真を見せてくれた。</u> ➜ _____

(var 1) 私にそれを　(var 2) 私たちにそれを　(var 3) 君にそれを　(var 4) 君たちにそれを

4 Dictée

[g]の音は、gu（e, iの前）、g（e, i, yの前以外）で表記されます。

4a 以下の語をリピートしましょう。
🎧 *Écoutez et répétez.*
2-50

longue　guitare　gare　gobelet　groupe
guerre　fatigué　grosse　gorge　guirlande

4b 文を書き取りましょう。
🎧 *Écoutez et écrivez la dictée.*
2-51

5 Le petit challenge

質問を読んで自分に当てはまる答えを選びましょう。
Lisez et sélectionnez la réponse qui vous définit le mieux.

A. Vous avez entendu une conversation problématique à propos de votre meilleur ami. Comment réagissez-vous ?

1. Vous en parlez à votre ami.
2. Vous ne lui en parlez pas.

B. Votre ami a l'air malade. Il tousse et il éternue. Comment réagissez-vous ?

1. Vous lui donnez des conseils.
2. Vous partez en courant.

C. Votre ami vous envoie un message par erreur. Ce message était destiné à son amoureuse.

1. Vous lui écrivez « Tu es trop mignon. » en retour.
2. Vous ne réagissez pas.

D. Votre ami vous a offert un bijou à Noël.

1. Vous lui en offrirez un pour son anniversaire.
2. Vous ne voulez pas lui en offrir. Vous pensez que ce n'est pas nécessaire.

😃 **Vous avez coché plus de réponse 1 :**
Vos amis vous adorent. Vous savez les écouter et vous êtes là quand ils ont besoin de vous.

😱 **Vous avez coché plus de réponse 2 :**
Vous êtes froid et calculateur. Pour vous, l'amitié n'est pas le plus important.

ENQUÊTE SUR L'AMITIÉ

24 *Le coin des cinéphiles* フランスの映画

1 Préparation（宿題）

Devoirs : Préparation des activités 5b et 5c.

1a 次の質問に答えましょう。
Répondez aux questions suivantes.

1. Connaissez-vous des films français ?
2. Connaissez-vous des acteurs français ?
3. Quelle est votre représentation du cinéma français ?

1b （3、4人のグループを作る）先生から提案された映画のうちの1つについて調べましょう。タイトル、公開日、監督や、主演の名前、どこが舞台になっているか、映画のジャンル（コメディ、アクション、ロマンス、ミュージカルなど）を書き留めましょう。
(Par trois ou quatre) Cherchez des informations sur un des films proposés par votre professeur. Notez le titre, la date de sortie, le nom du réalisateur, les acteurs principaux, où se passe l'action, le genre du film (une comédie, un film d'action, une romance, un film musical, etc.)

2 Sensibilisation

2a これらは国外で大ヒットした3本のフランス映画です。以下のテキストを読み、ポスターと結びつけましょう。テキストからフランス語のタイトル、フランスでの公開日、監督名、俳優名を見つけだしましょう。
Voici trois films français qui ont connu un grand succès à l'étranger. Lisez les textes ci-dessous et associez les textes aux affiches. Retrouvez dans les textes le titre français, la date de sortie en France, le nom du réalisateur, le nom des acteurs.

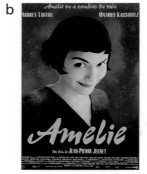

a   b   c

☐ "Le Fabuleux Destin d'Amélie Poulain" est une comédie romantique qui se passe à Paris. Amélie est une jeune femme pleine d'imagination qui essaie de changer le quotidien de ses voisins.
Le film est sorti en France en 2001. Il a été réalisé par Jean-Pierre Jeunet. Le rôle titre est tenu par Audrey Tautou. Le film a notamment obtenu le César du meilleur film.

☐ "Intouchables" est une comédie qui se passe à Paris et qui traite du handicap et de l'amitié entre deux hommes venus de milieux différents.
Le film est sorti en France en 2011. Il a été réalisé par Olivier Nakache et Éric Toledano. Les acteurs principaux sont François Cluzet et Omar Sy qui a reçu le César du meilleur acteur.

☐ "Qu'est-ce qu'on a fait au bon Dieu" est une comédie qui se passe dans la région de Tours et qui traite des préjugés racistes et du mariage mixte.
Le film est sorti en France en 2014. Il a été réalisé par Philippe de Chauveron et les acteurs principaux sont Christian Clavier et Chantal Lauby.

2b 上記の映画を見たことがありますか？もし見たことがあれば、クラスメートに感想を伝えましょう。
Avez-vous vu un de ces films ? Si oui, racontez à vos camarades ce que vous en avez pensé.

2c インターネットで検索し、これらの映画の予告編を見ましょう。どの映画を見たくなりましたか？
Cherchez sur Internet la bande annonce de ces films. Lequel avez-vous envie de voir ?

3 Compréhension

ここでは、テキストにさっと目を通し、求められている情報を見つける練習をします。

3a テキストを読みましょう。
Lisez le texte.

1　Le dessin animé tient une place particulière dans le cœur des Français. Et même si les productions 100% françaises ne peuvent pas rivaliser avec les superproductions américaines ou japonaises, les créateurs français sont mondialement connus et collaborent aux plus grands films. Les productions françaises de film d'animation se
5　classent à la troisième place dans le monde, derrière le Japon et les États-Unis.

Le dessin animé a une longue histoire en France. C'est un Français, Émile Reynaud, qui proposa au public les premiers dessins animés du cinéma en 1882. Ses dessins étaient alors directement peints sur la pellicule pour être ensuite projetés sur un écran. Les premières productions à succès furent des collaborations franco-belges : les
10　Aventures de Tintin, Lucky Luke, Astérix le Gaulois.

C'est Paul Grimault qui contribua le plus au rayonnement du film d'animation français. D'abord pour son film *La Bergère et le Ramoneur* qui exerça une influence importante sur Hayao Miyazaki et Isao Takahata. Ensuite pour son chef-d'œuvre *Le Roi et l'Oiseau* qu'il commença en 1946 et acheva en 1980. Le scénario, inspiré d'un
15　conte d'Andersen et écrit par Jacques Prévert est une référence en matière de film d'animation.

3b 正しければ V (vrai)、間違っていれば F (faux) をチェックしましょう。*Vrai ou faux.*

　　　　　　　　　　　　　　　　　　　　　　　　　　　　　　　　　　　V　F

1. Les films d'animation français sont des productions américaines à 100%.　☐　☐

2. Les films d'animation japonais et les américains sont mieux classés que les films　☐　☐
   français.

3c 質問に答えましょう。*Répondez.*

1. Expliquez pourquoi Paul Grimault est important.

2. Qui est Émile Reynaud ?

3d Tintin, Lucky Luke, そして Astérix をインターネットで検索しましょう。
Allez sur Internet et cherchez qui sont Tintin, Lucky Luke et Astérix.

4 Statistiques

4a グラフを見て注釈を読み、質問に答えましょう。
Observez le graphique, lisez le commentaire et répondez aux questions.

Nombre de films vus au cinéma par habitant.

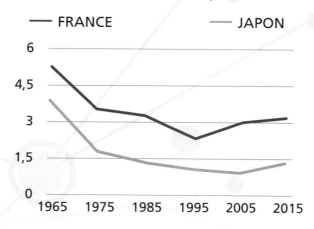

—— FRANCE   —— JAPON

Quelques chiffres[1] pour l'année 2018.

48% des places de cinéma ont été vendues à moins de 6 euros en France.

Le prix moyen d'une place de cinéma était de 6,64 euros.

1. source : CNC

Que nous apprend ce graphique ?

1. Sur la situation entre 1965 et 2015.

2. Sur les différences entre la France et le Japon.

3. À votre avis, comment peut-on expliquer ces différences entre la France et le Japon.

4b 表を見て、質問に答えましょう。
Observez le tableau et répondez aux questions.

Répartition par genre des 25 films qui ont eu le plus de succès en France et au Japon.

	FRANCE	JAPON
comédie[1]	11	1
film de guerre	3	2
film d'animation	3	7
drame	2	0
film de science-fiction	2	7
péplum	2	0
western	1	0
film catastrophe	1	2
film d'aventure	0	1
film documentaire	0	4
film fantastique	0	3

1. Quelles sont vos conclusions en comparant les chiffres pour la France et pour le Japon ?

2. Et vous ? Vous aimez quel genre de film ?

3. Allez-vous souvent au cinéma ?

4. Pour vous quels sont les trois meilleurs films ?

1. La caractéristique majeure de la comédie est l'humour. Les comédies peuvent être classées en sous genre : la comédie d'action, la comédie de mœurs, la comédie de science-fiction, la comédie dramatique, la comédie horrifique, la comédie policière.

5 Présenter un film

5a テキストを読みましょう。
Lisez le texte.

*B*ienvenue chez les Ch'tis est un film français sorti en 2010. Le film a été réalisé par Dany Boon qui joue aussi dans le film avec l'acteur Kad Merhrad. Ce film est un des plus grands succès du cinéma français.

Le film raconte l'histoire d'un directeur d'agence de La Poste muté dans le Nord de la France. Il arrive dans sa nouvelle ville avec plein de préjugés sur les habitants du Nord. Peu a peu, il apprécie sa nouvelle vie.

5b 5a を参考に、グループで調べてきた映画の紹介文を書きましょう。紹介文は以下の質問に対する答えを含んでいなくてはなりません。
Écrivez une présentation sur le film que vous avez recherché à la manière de 5a. Votre présentation doit comporter les réponses aux questions ci-dessous.

1. De quel film s'agit-il ?

2. Où se passe l'action du film ?

3. Quand le film a-t-il été réalisé ?

4. Qui a réalisé le film ?

5. Qui joue dans le film ?

6. Ce film a-t-il eu du succès ?

5c 各グループは、クラス全体、あるいは他のグループの質問に答える形で、担当の映画を紹介します。他の人は、質問をして得た情報をメモします。
Chaque groupe présente son film en répondant aux questions de la classe ou d'autres groupes.

5d 説明を聞いてメモをとりましょう。続いてそれぞれの映画について、質問に答えましょう。
2-52
Écoutez, prenez des notes puis répondez aux questions pour chaque film.

film 1   film 2**    film 3***

** 『LUCY/ルーシー』 4K ULTRA HD + Blu-ray セット：5,990 円+税　Blu-ray：1,886 円+税／DVD：1,429 円+税　発売元：NBCユニバーサル・エンターテイメント　※ 2020 年 10 月の情報です。
*** 『E.T.』 4K ULTRA HD + Blu-ray セット：5,990 円+税　Blu-ray：1,886 円+税／DVD：1,429 円+税　発売元：NBCユニバーサル・エンターテイメント　※ 2020 年 10 月の情報です。

107

1 大過去形で活用させましょう。
Écrivez les verbes ci-dessous au plus-que-parfait. _____ / 10

1. être / je → _____
2. avoir / ils → _____
3. faire / nous → _____
4. dire / tu → _____
5. aller / elles → _____
6. pouvoir / tu → _____
7. savoir / ils → _____
8. finir / vous → _____
9. partir / elle → _____
10. venir / je → _____

2 ne ... que を使って書き換えましょう。
Écrivez les phrases en utilisant « ne ... que ». _____ / 10

1. Je parle seulement le japonais.
2. Le directeur pense seulement au bénéfice.
3. Tu lui as donné seulement un livre.
4. Vous étudiez seulement le soir.
5. Elles boivent seulement de l'eau.

3 並べ替えて正しい文にしましょう。
Retrouvez l'ordre correct. _____ / 10

1. offert / lui / nous / en / avons / un
2. elle / donné / en / déjà / m' / a
3. avons / nous / leur / en / ne / jamais / offert
4. tu / lui / déjà / donné / en / as
5. elle / nous / ne / jamais / parlé / en / a

4 受動態の文に書き換えましょう。
Écrivez les phrases à la voix passive. _____ / 10

1. On utilise ce sytème au Japon.
2. On a découvert ce pays en 1843.
3. On a détruit ce bâtiment.
4. On a volé ce tableau.
5. On interrogera le témoin.

5 je voudrais savoir を使って書き換えましょう。
Réécrivez les phrases en utilisant « je voudrais savoir ».
_____ / 10

1. Ils viennent samedi ?
2. Est-ce que tu peux venir tous les jours ?
3. C'est possible ?
4. Qu'est-ce que c'est ?
5. À quelle heure ça commence ?

6 mieux もしくは meilleur(e) を入れましょう。
Complétez par « mieux ou meilleur(e) ». _____ / 10

1. Ce plat est bon. Mais celui-ci est _____.
2. Les enfants étudient _____ la nuit.
3. J'utilise _____ mon smartphone.
4. C'est le _____ plat !
5. Elle va au karaoké et elle chante _____.

7 指定された語を使って比較しましょう。
Comparez les éléments ci-dessous. _____ / 10

1. le soleil / chaud / la lune
2. la marche / dangereux / l'alpinisme
3. le vélo / rapide / la voiture
4. l'eau / nécessaire / l'air
5. le bonheur / important / l'argent

8 文を過去形に書き換えましょう。
Écrivez les phrases au passé. _____ /10

1. Il me dit que c'est intéressant.
2. Paul m'explique qu'il est venu samedi.
3. Elle demande si ce sera difficile.
4. Vous nous dites que ça va mal.
5. Elles disent que tu n'as pas encore fini.

🎧 **9 書き取りましょう。**
2-53   Dictée : Écrivez les phrases. _____ / 20

1. _____
2. _____
3. _____
4. _____
5. _____

EXPRIMEZ-VOUS 話してみよう！

グループに分かれて、situation 1〜4を読み、それぞれのsituationに合った会話を準備し、演じましょう。
Formez des groupes. Lisez les situations 1 à 4. Imaginez un dialogue pour chaque situation et jouez-les devant vos camarades de classe.

▶ SITUATION 1

Vous guidez une amie dans les rues de Tokyo. Vous lui donnez des informations sur ce qu'elle voit : les bâtiments, les temples, les magasins...

Imaginez le dialogue.
⚠ 少なくとも受動態の文を2つ入れましょう。

▶ SITUATION 2

Votre amie a raté un examen. Elle est complètement découragée. Aidez-la en lui donnant des conseils.

Imaginez le dialogue.
⚠ 命令文を使いましょう。

▶ SITUATION 3

Les parents de Nana sont en France. Ils ne parlent pas français. Ils veulent communiquer avec la famille d'accueil. Nana doit traduire toutes les réponses et les questions en français.

Imaginez le dialogue.
⚠ 間接話法を使いましょう。

▶ SITUATION 4

Nana et Clément dînent pour la Saint-Valentin. Au début, la soirée se passe bien mais à la fin, ils se disputent.

Imaginez le dialogue.
⚠ 目的補語人称代名詞、命令形、間接話法などを使いましょう。

verbes de base

不定詞	現在形
① être	je **suis**, tu **es**, il **est**, elle **est**, nous **sommes**, vous **êtes**, ils **sont**, elles **sont**
② travailler	je travaille, tu travailles, il travaille, elle travaille, nous travaillons, vous travaillez, ils travaillent, elles travaillent
③ avoir	j'**ai**, tu **as**, il **a**, elle **a**, nous **avons**, vous **avez**, ils **ont**, elles **ont**
④ faire	je f**ais**, tu f**ais**, il f**ait**, elle f**ait**, nous f**aisons**, vous f**aites**, ils f**ont**, elles f**ont**
⑤ aller	je **vais**, tu **vas**, il **va**, elle **va**, nous **allons**, vous **allez**, ils **vont**, elles **vont**
⑥ dire	je d**is**, tu d**is**, il d**it**, elle d**it**, nous d**isons**, vous d**ites**, ils d**isent**, elles d**isent**
⑦ finir	je fin**is**, tu fin**is**, il fin**it**, nous fin**issons**, vous fin**issez**, ils fin**issent**
⑧ connaître	je connais, tu connais, il connaît, nous connaissons, vous connaissez, ils connaissent
⑨ vouloir	je v**eux**, tu v**eux**, il v**eut**, nous v**oulons**, vous v**oulez**, ils v**eulent**
⑩ prendre	je pr**ends**, tu pr**ends**, il pr**end**, nous pr**enons**, vous pr**enez**, ils pr**ennent**
⑪ partir	je pars, tu pars, il part, nous partons, vous partez, ils partent
⑫ dormir	je dors, tu dors, il dort, nous dormons, vous dormez, ils dorment
⑬ entendre	j'entends, tu entends, il entend, nous entendons, vous entendez, ils entendent
⑭ pouvoir	je p**eux**, tu p**eux**, il p**eut**, nous p**ouvons**, vous p**ouvez**, ils p**euvent**
⑮ venir	je v**iens**, tu v**iens**, il v**ient**, nous v**enons**, vous v**enez**, ils v**iennent**
⑯ voir	je v**ois**, tu v**ois**, il v**oit**, nous v**oyons**, vous v**oyez**, ils v**oient**
⑰ boire	je b**ois**, tu b**ois**, il b**oit**, nous b**uvons**, vous b**uvez**, ils b**oivent**
⑱ écrire	j'écr**is**, tu écr**is**, il écr**it**, nous écr**ivons**, vous écr**ivez**, ils écr**ivent**
⑲ lire	je l**is**, tu l**is**, il l**it**, nous l**isons**, vous l**isez**, ils l**isent**
⑳ mettre	je mets, tu mets, il met, nous me**ttons**, vous me**ttez**, ils me**ttent**
㉑ croire	je crois, tu crois, il croit, nous croyons, vous croyez, ils croient
㉒ manger	je mange, tu manges, il mange, nous mangeons, vous mangez, ils mangent
㉓ envoyer	j'envoie, tu envoies, il envoie, nous envoyons, vous envoyez, ils envoient
㉔ préférer	je préfère, tu préfères, il préfère, nous préférons, vous préférez, ils préfèrent
㉕ acheter	j'achète, tu achètes, il achète, nous achetons, vous achetez, ils achètent
㉖ devoir	je d**ois**, tu d**ois**, il d**oit**, nous d**evons**, vous d**evez**, ils d**oivent**
㉗ savoir	je s**ais**, tu s**ais**, il s**ait**, nous s**avons**, vous s**avez**, ils s**avent**

verbes de base

不定詞	過去分詞	複合過去形
① être	été	j'ai été, tu as été, il a été, elle a été nous avons été, vous avez été, ils ont été, elles ont été
② travailler	travaillé	j'ai travaillé, tu as travaillé, il a travaillé, elle a travaillé nous avons travaillé, vous avez travaillé, ils ont travaillé, elles ont travaillé
③ avoir	eu	j'ai eu, tu as eu, il a eu, elle a eu nous avons eu, vous avez eu, ils ont eu, elles ont eu
④ faire	fait	j'ai fait, tu as fait, il a fait, elle a fait, nous avons fait, vous avez fait, ils ont fait, elles ont fait
⑤ aller	allé	je suis allé(e), tu es allé(e), il est allé, elle est allée nous sommes allé(e)s, vous êtes allé(e)(s), ils sont allés, elles sont allées
⑥ dire	dit	j'ai dit, tu as dit, il a dit, elle a dit nous avons dit, vous avez dit, ils ont dit, elles ont dit
⑦ finir	fini	j'ai fini, tu as fini, il a fini, elle a fini nous avons fini, vous avez fini, ils ont fini, elles ont fini
⑧ connaître	connu	j'ai connu, tu as connu, il a connu, elle a connu, nous avons connu, vous avez connu, ils ont connu, elles ont connu
⑨ vouloir	voulu	j'ai voulu, tu as voulu, il a voulu, elle a voulu nous avons voulu, vous avez voulu, ils ont voulu, elles ont voulu
⑩ prendre	pris	j'ai pris, tu as pris, il a pris, elle a pris nous avons pris, vous avez pris, ils ont pris, elles ont pris
⑪ partir	parti	je suis parti(e), tu es parti(e), il est parti, elle est partie, nous sommes parti(e)s, vous êtes parti(e)(s), ils sont partis, elles sont parties
⑫ dormir	dormi	j'ai dormi, tu as dormi, il a dormi, elle a dormi, nous avons dormi, vous avez dormi, ils ont dormi, elles ont dormi
⑬ entendre	entendu	j'ai entendu, tu as entendu, il a entendu, elle a entendu nous avons entendu, vous avez entendu, ils ont entendu, elles ont entendu
⑭ pouvoir	pu	j'ai pu, tu as pu, il a pu, elle a pu, nous avons pu, vous avez pu, ils ont pu, elles ont pu
⑮ venir	venu	je suis venu(e), tu es venu(e), il est venu, elle est venue, nous sommes venu(e)s, vous êtes venu(e)(s), ils sont venus, elles sont venues
⑯ voir	vu	j'ai vu, tu as vu, il a vu, elle a vu, nous avons vu, vous avez vu, ils ont vu, elles ont vu
⑰ boire	bu	j'ai bu, tu as bu, il a bu, elle a bu, nous avons bu, vous avez bu, ils ont bu, elles ont bu
⑱ écrire	écrit	j'ai écrit, tu as écrit, il a écrit, elle a écrit, nous avons écrit, vous avez écrit, ils ont écrit, elles ont écrit
⑲ lire	lu	j'ai lu, tu as lu, il a lu, elle a lu, nous avons lu, vous avez lu, ils ont lu, elles ont lu
⑳ mettre	mis	j'ai mis, tu as mis, il a mis, elle a mis, nous avons mis, vous avez mis, ils ont mis, elles ont mis
㉑ croire	cru	j'ai cru, tu as cru, il a cru, elle a cru, nous avons cru, vous avez cru, ils ont cru, elles ont cru
㉒ manger	mangé	j'ai mangé, tu as mangé, il a mangé, elle a mangé, nous avons mangé, vous avez mangé, ils ont mangé, elles ont mangé
㉓ envoyer	envoyé	j'ai envoyé, tu as envoyé, il a envoyé, elle a envoyé, nous avons envoyé, vous avez envoyé, ils ont envoyé, elles ont envoyé
㉔ préférer	préféré	j'ai préféré, tu as préféré, il a préféré, elle a préféré, nous avons préféré, vous avez préféré, ils ont préféré, elles ont préféré
㉕ acheter	acheté	j'ai acheté, tu as acheté, il a acheté, elle a acheté, nous avons acheté, vous avez acheté, ils ont acheté, elles ont acheté
㉖ devoir	dû	j'ai dû, tu as dû, il a dû, elle a dû, nous avons dû, vous avez dû, ils ont dû, elles ont dû
㉗ savoir	su	j'ai su, tu as su, il a su, elle a su, nous avons su, vous avez su, ils ont su, elles ont su

verbes de base

不定詞	半過去形
① être	j'étais, tu étais, il était, nous étions, vous étiez, ils étaient
② travailler	je travaillais, tu travaillais, il travaillait, nous travaillions, vous travailliez, ils travaillaient
③ avoir	j'avais, tu avais, il avait, nous avions, vous aviez, ils avaient
④ faire	je faisais, tu faisais, il faisait, nous faisions, vous faisiez, ils faisaient
⑤ aller	j'allais, tu allais, il allait, nous allions, vous alliez, ils allaient
⑥ dire	je disais, tu disais, il disait, nous disions, vous disiez, ils disaient
⑦ finir	je finissais, tu finissais, il finissait, nous finissions, vous finissiez, ils finissaient
⑧ connaître	je connaissais, tu connaissais, il connaissait, nous connaissions, vous connaissiez, ils connaissaient
⑨ vouloir	je voulais, tu voulais, il voulait, nous voulions, vous vouliez, ils voulaient
⑩ prendre	je prenais, tu prenais, il prenait, nous prenions, vous preniez, ils prenaient
⑪ partir	je partais, tu partais, il partait, nous partions, vous partiez, ils partaient
⑫ dormir	je dormais, tu dormais, il dormait, nous dormions, vous dormiez, ils dormaient
⑬ entendre	j'entendais, tu entendais, il entendait, nous entendions, vous entendiez, ils entendaient
⑭ pouvoir	je pouvais, tu pouvais, il pouvait, nous pouvions, vous pouviez, ils pouvaient
⑮ venir	je venais, tu venais, il venait, nous venions, vous veniez, ils venaient
⑯ voir	je voyais, tu voyais, il voyait, nous voyions, vous voyiez, ils voyaient
⑰ boire	je buvais, tu buvais, il buvait, nous buvions, vous buviez, ils buvaient
⑱ écrire	j'écrivais, tu écrivais, il écrivait, nous écrivions, vous écriviez, ils écrivaient
⑲ lire	je lisais, tu lisais, il lisait, nous lisions, vous lisiez, ils lisaient
⑳ mettre	je mettais, tu mettais, il mettait, nous mettions, vous mettiez, ils mettaient
㉑ croire	je croyais, tu croyais, il croyait, nous croyions, vous croyiez, ils croyaient
㉒ manger	je mangeais, tu mangeais, il mangeait, nous mangions, vous mangiez, ils mangeaient
㉓ envoyer	j'envoyais, tu envoyais, il envoyait, nous envoyions, vous envoyiez, ils envoyaient
㉔ préférer	je préférais, tu préférais, il préférait, nous préférions, vous préfériez, ils préféraient
㉕ acheter	j'achetais, tu achetais, il achetait, nous achetions, vous achetiez, ils achetaient
㉖ devoir	je devais, tu devais, il devait, nous devions, vous deviez, ils devaient
㉗ savoir	je savais, tu savais, il savait, nous savions, vous saviez, ils savaient

verbes de base

不定詞	単純未来形
① être	je serai, tu seras, il sera, nous serons, vous serez, ils seront
② travailler	je travaillerai, tu travailleras, il travaillera, nous travaillerons, vous travaillerez, ils travailleront
③ avoir	j'aurai, tu auras, il aura, nous aurons, vous aurez, ils auront
④ faire	je ferai, tu feras, il fera, nous ferons, vous ferez, ils feront
⑤ aller	j'irai, tu iras, il ira, nous irons, vous irez, ils iront
⑥ dire	je dirai, tu diras, il dira, nous dirons, vous direz, ils diront
⑦ finir	je finirai, tu finiras, il finira, nous finirons, vous finirez, ils finiront
⑧ connaître	je connaîtrai, tu connaîtras, il connaîtra, nous connaîtrons, vous connaîtrez, ils connaîtront
⑨ vouloir	je voudrai, tu voudras, il voudra, nous voudrons, vous voudrez, ils voudront
⑩ prendre	je prendrai, tu prendras, il prendra, nous prendrons, vous prendrez, ils prendront
⑪ partir	je partirai, tu partiras, il partira, nous partirons, vous partirez, ils partiront
⑫ dormir	je dormirai, tu dormiras, il dormira, nous dormirons, vous dormirez, ils dormiront
⑬ entendre	j'entendrai, tu entendras, il entendra, nous entendrons, vous entendrez, ils entendront
⑭ pouvoir	je pourrai, tu pourras, il pourra, nous pourrons, vous pourrez, ils pourront
⑮ venir	je viendrai, tu viendras, il viendra, nous viendrons, vous viendrez, ils viendront
⑯ voir	je verrai, tu verras, il verra, nous verrons, vous verrez, ils verront
⑰ boire	je boirai, tu boiras, il boira, nous boirons, vous boirez, ils boiront
⑱ écrire	j'écrirai, tu écriras, il écrira, nous écrirons, vous écrirez, ils écriront
⑲ lire	je lirai, tu liras, il lira, nous lirons, vous lirez, ils liront
⑳ mettre	je mettrai, tu mettras, il mettra, nous mettrons, vous mettrez, ils mettront
㉑ croire	je croirai, tu croiras, il croira, nous croirons, vous croirez, ils croiront
㉒ manger	je mangerai, tu mangeras, il mangera, nous mangerons, vous mangerez, ils mangeront
㉓ envoyer	j'enverrai, tu enverras, il enverra, nous enverrons, vous enverrez, ils enverront
㉔ préférer	je préférerai, tu préféreras, il préférera, nous préférerons, vous préférerez, ils préféreront
㉕ acheter	j'achèterai, tu achèteras, il achètera, nous achèterons, vous achèterez, ils achèteront
㉖ devoir	je devrai, tu devras, il devra, nous devrons, vous devrez, ils devront
㉗ savoir	je saurai, tu sauras, il saura, nous saurons, vous saurez, ils sauront

verbes de base

不定詞	条件法現在形
① être	je serais, tu serais, il serait, nous serions, vous seriez, ils seraient
② travailler	je travaillerais, tu travaillerais, il travaillerait, nous travaillerions, vous travailleriez, ils travailleraient
③ avoir	j'aurais, tu aurais, il aurait, nous aurions, vous auriez, ils auraient
④ faire	je ferais, tu ferais, il ferait, nous ferions, vous feriez, ils feraient
⑤ aller	j'irais, tu irais, il irait, nous irions, vous iriez, ils iraient
⑥ dire	je dirais, tu dirais, il dirait, nous dirions, vous diriez, ils diraient
⑦ finir	je finirais, tu finirais, il finirait, nous finirions, vous finiriez, ils finiraient
⑧ connaître	je connaîtrais, tu connaîtrais, il connaîtrait, nous connaîtrions, vous connaîtriez, ils connaîtraient
⑨ vouloir	je voudrais, tu voudrais, il voudrait, nous voudrions, vous voudriez, ils voudraient
⑩ prendre	je prendrais, tu prendrais, il prendrait, nous prendrions, vous prendriez, ils prendraient
⑪ partir	je partirais, tu partirais, il partirait, nous partirions, vous partiriez, ils partiraient
⑫ dormir	je dormirais, tu dormirais, il dormirait, nous dormirions, vous dormiriez, ils dormiraient
⑬ entendre	j'entendrais, tu entendrais, il entendrait, nous entendrions, vous entendriez, ils entendraient
⑭ pouvoir	je pourrais, tu pourrais, il pourrait, nous pourrions, vous pourriez, ils pourraient
⑮ venir	je viendrais, tu viendrais, il viendrait, nous viendrions, vous viendriez, ils viendraient
⑯ voir	je verrais, tu verrais, il verrait, nous verrions, vous verriez, ils verraient
⑰ boire	je boirais, tu boirais, il boirait, nous boirions, vous boiriez, ils boiraient
⑱ écrire	j'écrirais, tu écrirais, il écrirait, nous écririons, vous écririez, ils écriraient
⑲ lire	je lirais, tu lirais, il lirait, nous lirions, vous liriez, ils liraient
⑳ mettre	je mettrais, tu mettrais, il mettrait, nous mettrions, vous mettriez, ils mettraient
㉑ croire	je croirais, tu croirais, il croirait, nous croirions, vous croiriez, ils croiraient
㉒ manger	je mangerais, tu mangerais, il mangerait, nous mangerions, vous mangeriez, ils mangeraient
㉓ envoyer	j'enverrais, tu enverrais, il enverrait, nous enverrions, vous enverriez, ils enverraient
㉔ préférer	je préférerais, tu préférerais, il préférerait, nous préférerions, vous préféreriez, ils préféreraient
㉕ acheter	j'achèterais, tu achèterais, il achèterait, nous achèterions, vous achèteriez, ils achèteraient
㉖ devoir	je devrais, tu devrais, il devrait, nous devrions, vous devriez, ils devraient
㉗ savoir	je saurais, tu saurais, il saurait, nous saurions, vous sauriez, ils sauraient

verbes de base

不定詞	接続法現在形
① être	que je sois, que tu sois, qu'il soit, que nous soyons, que vous soyez, qu'ils soient
② travailler	que je travaille, que tu travailles, qu'il travaille, que nous travaillions, que vous travailliez, qu'ils travaillent
③ avoir	que j'aie, que tu aies, qu'il ait, que nous ayons, que vous ayez, qu'ils aient
④ faire	que je fasse, que tu fasses, qu'il fasse, que nous fassions, que vous fassiez, qu'ils fassent
⑤ aller	que j'aille, que tu ailles, qu'il aille, que nous allions, que vous alliez, qu'ils aillent
⑥ dire	que je dise, que tu dises, qu'il dise, que nous disions, que vous disiez, qu'ils disent
⑦ finir	que je finisse, que tu finisses, qu'il finisse, que nous finissions, que vous finissiez, qu'ils finissent
⑧ connaître	que je connaisse, que tu connaisses, qu'il connaisse, que nous connaissions, que vous connaissiez, qu'ils connaissent
⑨ vouloir	que je veuille, que tu veuilles, qu'il veuille, que nous voulions, que vous vouliez, qu'ils veuillent
⑩ prendre	que je prenne, que tu prennes, qu'il prenne, que nous prenions, que vous preniez, qu'ils prennent
⑪ partir	que je parte, que tu partes, qu'il parte, que nous partions, que vous partiez, qu'ils partent
⑫ dormir	que je dorme, que tu dormes, qu'il dorme, que nous dormions, que vous dormiez, qu'ils dorment
⑬ entendre	que j'entende, que tu entendes, qu'il entende, que nous entendions, que vous entendiez, qu'ils entendent
⑭ pouvoir	que je puisse, que tu puisses, qu'il puisse, que nous puissions, que vous puissiez, qu'ils puissent
⑮ venir	que je vienne, que tu viennes, qu'il vienne, que nous venions, que vous veniez, qu'ils viennent
⑯ voir	que je voie, que tu voies, qu'il voie, que nous voyions, que vous voyiez, qu'ils voient
⑰ boire	que je boive, que tu boives, qu'il boive, que nous buvions, que vous buviez, qu'ils boivent
⑱ écrire	que j'écrive, que tu écrives, qu'il écrive, que nous écrivions, que vous écriviez, qu'ils écrivent
⑲ lire	que je lise, que tu lises, qu'il lise, que nous lisions, que vous lisiez, qu'ils lisent
⑳ mettre	que je mette, que tu mettes, qu'il mette, que nous mettions, que vous mettiez, qu'ils mettent
㉑ croire	que je croie, que tu croies, qu'il croie, que nous croyions, que vous croyiez, qu'ils croient
㉒ manger	que je mange, que tu manges, qu'il mange, que nous mangions, que vous mangiez, qu'ils mangent
㉓ envoyer	que j'envoie, que tu envoies, qu'il envoie, que nous envoyions, que vous envoyiez, qu'ils envoient
㉔ préférer	que je préfère, que tu préfères, qu'il préfère, que nous préférions, que vous préfériez, qu'ils préfèrent
㉕ acheter	que j'achète, que tu achètes, qu'il achète, que nous achetions, que vous achetiez, qu'ils achètent
㉖ devoir	que je doive, que tu doives, qu'il doive, que nous devions, que vous deviez, qu'ils doivent
㉗ savoir	que je sache, que tu saches, qu'il sache, que nous sachions, que vous sachiez, qu'ils sachent

Maestro 1 に出てきた文法事項

1 名詞の性

① すべての名詞は、男性名詞か女性名詞に分かれます。

② 生物学的な性別を持つものは、それとほぼ対応しています。

garçon 男の子（男性名詞）　　　fille 女の子（女性名詞）

③ 無生物を表す名詞にも文法上の性があります。

téléphone 電話（男性名詞）　　　tablette タブレット（女性名詞）

2 名詞の数

① 名詞には単数形と複数形があります。

② 複数形の作り方は以下のとおりです。

原則	単数形　＋　s	chien　→ chiens
eau で終わっている語	単数形　＋　x	gâteau　→ gâteaux
s, x, z で終わっている語	そのまま	matelas → matelas,　quiz → quiz

3 冠詞

❶ 不定冠詞　un, une, des

① 不定冠詞は、聞き手に特定されていない人や物を表すときに使います。

② 単数形の男性名詞には un、単数形の女性名詞には une、複数形には男性名詞も女性名詞も des を使います。

- J'ai **un** livre.　私は本を持っています。（聞き手はどの本か特定できない）
- Léo a **des** sylos.　レオはペンを持っています。（聞き手はどのペンか特定できない）

	s.	pl.
m.	un	des
f.	une	

❷ 定冠詞　le, la, les

① 定冠詞は、聞き手が特定できる人や物、総称を表すときに使います。

② 単数形の男性名詞には le、単数形の女性名詞には la、複数形にはどちらも les を使います。

③ 母音もしくは無音の h で始まる名詞の前では、le, la はエリズィオンを起こして l' になります。

- Le soleil est jaune.　太陽は黄色い。（唯一無二なので特定可）
- la photo de Marie　マリーの写真　（限定されているので特定可）
- J'aime les chats.　私は猫が好きです。（猫一般：総称）
- l'Espagne　スペイン（母音で始まる名詞の前は l'）

	s.	pl.
m.	le(l')	les
f.	la(l')	

❸ 部分冠詞　du, de la

① 部分冠詞は、聞き手に特定されていない、数えられない物を表すときに使います。

② 男性名詞には du、女性名詞には de la を使います。

③ 母音もしくは無音の h で始まる名詞の前では、du、de la 共に de l' になります。

- Je prends **du** café le matin.　私は朝コーヒーを飲みます。
- Vous prenez **de la** confiture ?　ジャムを食べますか？
- Julie prend **de l'**eau.　ジュリーは水をのみます。

m.	du (de l')
f.	de la (de l')

4 形容詞の性数一致

形容詞は、修飾する名詞の性と数に一致します。

un sac vert　　　　　des sacs verts　緑のカバン
une table verte　　　des tables vertes　緑のテーブル

① 女性形の作り方

原則	男性形 ＋ e	japonais → japonaise	étudiant → étudiante
男性形が en で終わっている場合	男性形 ＋ ne	coréen → coréenne	musicien → musicienne
男性形が e で終わっている場合	そのまま	suisse → suisse	journaliste → journaliste

② 複数形の作り方は、名詞の複数形の作り方と同じです。

5 形容詞の位置

① 原則として、形容詞は名詞の後ろにつけます。

un vélo **italien**　イタリア製の自転車　　une gomme **blanche**　白い消しゴム

② 日常的によく使う、短い、いくつかの 形容詞は、例外的に名詞の前につけます。

jeune / jeune	joli / jolie	petit / petite	grand / grande	gros / grosse	bon / bonne	beau / belle
若い	きれいな	小さい	大きい	太い	いい、美味しい	美しい

un jeune musicien 若い音楽家　　une petite tablette 小さなタブレット　　une bonne banane 美味しいバナナ
un grand appartement 大きなアパルトマン　　une jolie maison きれいな家　　un beau sac 美しいカバン

6 所有形容詞

所有者		所有される物や人		
		m. s.	*f. s.*	*pl.*
	私の	mon	ma	mes
	君の	ton	ta	tes
	彼の／彼女の	son	sa	ses
	私たちの	notre		nos
	あなた（方）の	votre		vos
	彼ら／彼女らの	leur		leurs

＊son と sa、mon と ma、ton と ta は、所有者の性別ではなく、所有される物や人の性別によって選びます。
　son dictionnaire 彼の／彼女の辞書　　**sa** clé 彼の／彼女の鍵

＊母音や無音の h で始まる単数形の女性名詞の前では、発音上の理由から ma ta sa は mon ton son になります。
　mon amie (*f.*) 私の女友達　　**ton** université (*f.*) 君の大学

7 指示形容詞 ce（この、その）

	s.	pl.
m.	ce (cet)	ces
f.	cette	

ce pantalon　このズボン
cette robe　このワンピース
ces jupes　これらのスカート
cet ordinateur　このパソコン

＊ 母音や無音の h で始まる単数形の男性名詞の前では、cet を使います。

8 疑問形容詞 quel

① 〜はなんですか？と尋ねるときに使います。
② 名詞の性と数によってスペルが変わりますが、発音は常に [kɛl] です。

	s.	*pl.*
m.	quel	quels
f.	quelle	quelles

- **Quel** est votre numéro de téléphone ?　あなたの電話番号はなんですか？
- **Quels** sont vos films préférés ?　あなたの好きな映画はなんですか？
- **Quelle** est la voiture de Luc ?　リュックの車はどれですか？
- **Quelles** sont vos couleurs préférées ?　あなたの好きな色はなんですか？

9 否定

否定文の作り方	主語 ＋ **ne** 動詞 **pas**

① 否定文は、動詞を **ne** と **pas** で挟んで作ります。
- Elle **ne** parle **pas** le coréen.　彼女は韓国語を話しません。

② 母音や無音のhの前では、**ne** はエリズィオンを起こして **n'** になります。
- Je **n'**étudie **pas** la sociologie.　私は社会学を勉強していません。

③ 複合過去形の場合は、助動詞 avoir もしくは être を ne と pas で挟みます。
- Il **n'**est **pas** encore rentré ?　彼はまだ帰ってないのですか？

④ 代名動詞の複合過去形の場合は、再帰代名詞と être を ne と pas で挟みます。
- Tu **ne** t'es **pas** couché(e) tôt hier soir ?　昨日の晩、早く寝なかったの？

10 否定の de （数量0を表す de）

直接目的語に付いた**不定冠詞**、**部分冠詞**は、否定文で **de** になります。

主語 ＋ 動詞 ＋ **un / une / des / du / de la** ＋ 名詞 → 主語　**ne** 動詞 **pas** ＋ **de** ＋名詞

- J'ai **un** livre. → Je n'ai pas **de** livre.　わたしは本を持っていません。
- Léo a **des** stylos. → Léo n'a pas **de** stylos.　レオはペンを持っていません。

＊否定文で des が de になっても、stylos に元々付いていた s は残します。

⚠定冠詞は否定文になっても de になりません。

J'aime **le** café. → Je n'aime pas **le** café.　私はコーヒーが好きではありません。

⚠c'est 〜の構文では否定文になっても、不定冠詞や部分冠詞は **de** になりません。直接目的語ではないからです。

C'est **un** sac. → Ce n'est pas **un** sac.　これはカバンではりません。

11 疑問文の作り方

❶ 疑問詞がない場合

1	イントネーションを上げる	Vous allez à Paris ?	パリに行くのですか？
		Elle parle l'italien ?	彼女はイタリア語を話しますか？
2	文頭に Est-ce que を付ける	Est-ce que vous allez à Paris ?	パリに行くのですか？
		Est-ce qu'elle parle l'italien ?*	彼女はイタリア語を話しますか？

*Est-ce que の後に母音や無音の h で始まる語が来ると、エリズィオンを起こして Est-ce qu' になります。

❷ 疑問詞がある場合

1	平叙文の語順を変えずに、尋ねたい部分を疑問詞に替える	Vous partez <u>quand</u> ? Il va <u>où</u> ?	いつ出発するのですか？ 彼はどこに行くのですか？
2	文頭に「疑問詞 + est-ce que」を付ける。残りは平叙文の語順	<u>Quand</u> est-ce que vous partez ? <u>Où</u> est-ce qu'il va ?	いつ出発するのですか？ 彼はどこに行くのですか？

	1	2	訳
1	Tu vas <u>où</u> ?	<u>Où</u> est-ce que tu vas ?	どこに行くの？
2	Tu pars <u>quand</u> ?	<u>Quand</u> est-ce que tu pars ?	いつ出発するの？
3	Tu fais <u>quoi</u>* ?	<u>Qu'</u>est-ce que** tu fais ?	何をしているの？
4	Tu aimes <u>qui</u> ?	<u>Qui</u> est-ce que tu aimes ?	君は誰が好きなの？
5	Tu travailles <u>avec qui</u> ?	<u>Avec qui</u> est-ce que tu travailles ?	誰と働いているの？
6		<u>Pourquoi</u> est-ce que tu aimes Paris ?	どうしてパリが好きなの？

*quoi は、疑問詞 que（何を）の強勢形です。動詞の後に残す場合は quoi になります。

**que（何を）は、est-ce que の前ではエリズィオンを起こして qu' になります。

12 命令文

命令文の作り方：平叙文の主語を落とします。

平叙文		命令文	
Vous écoutez bien.	→	Écoutez bien !	よく聞いてください。
Nous regardons ce film.	→	Regardons ce film !	この映画を見ましょう。
Tu fais la cuisine.	→	Fais la cuisine !	料理をして。

⚠tu の活用が es で終わっている場合と、tu vas (aller) の場合は、活用語尾から s を取ります。

Tu téléphon**es** à Marie.	→	Téléphone à Marie !	マリーに電話しなさい。
Tu **vas** à Paris.	→	Va à Paris !	パリに行きなさい。

13 比較級

作り方　plus / moins / aussi　+　形容詞／副詞　+　(que〜)

① 形容詞は、主語の性・数に一致させます。
- Paul est plus grand que Sophie. ポールはソフィーより背が高い。
- Marie est aussi élégante que Clara. マリーはクララと同じくらいエレガントだ。

② 副詞は主語の性・数に一致させません。
- Nous parlons moins vite que le professeur. 私たちは先生ほど速く話さない。

14 最上級

形容詞の場合	le, la, les	+	plus / moins	+	形容詞	+	(de〜)
副詞の場合	le	+	plus / moins	+	副詞	+	(de〜)

① 形容詞の場合、定冠詞と形容詞は主語の性・数に一致させます。
- Marie est la plus grande de la famille. マリーは家族で一番背が高い。
- Nous sommes les plus grands de la classe. 私たちはクラスで一番背が高い。

② 副詞の場合、定冠詞 (le) も副詞も不変です。
- Emma et Léa parlent **le** plus **vite** de la classe. エマとレアは話すのがクラスで一番速い。

15 不定詞構文

vouloir（〜したい）/ pouvoir（〜できる）/ devoir（〜なければならない）　＋　不定詞

① vouloir, pouvoir, devoir の後には、動詞の不定詞がきます。
　　Je veux dormir. 私は眠りたい。
② 否定形は、vouloir, pouvoir, devoir を ne ... pas で挟みます。
　　Tu **ne** peux **pas** venir ? 来られないの？
③ 目的補語人称代名詞は、不定詞の前に入れます。
　　Je veux **lui** offrir un cadeau. 私は彼にプレゼントを贈りたい。

16 直接目的補語人称代名詞（3人称）

直接目的補語とは、動詞の直後に、前置詞を介さず置かれた語句です。（太字部分）
　　- Je prends **cette robe**. このワンピースを買います。

直接目的補語人称代名詞は、直接目的補語の繰り返しを避けるために使います。

① 位置：動詞の直前　Je **la** prends. 私はそれを買います。
② 形（3人称の場合）
　・男性形単数：le（彼を、それを）
　　　- Je connais <u>Luc</u>. → Je <u>le</u> connais. 私は彼を知っている。
　・女性形単数：la（彼女を、それを）
　　　- Vous voulez <u>cette jupe</u> ? → Vous <u>la</u> voulez ? これが欲しいですか？
　・複数形：les（彼らを、それらを）
　　　- Je prends <u>ces cravates</u>. → Je <u>les</u> prends. 私はそれらを買います。
　・母音の前では、le も la も l' になります。
　　　- J'aime <u>Sophie</u>. → Je <u>l'</u>aime. 私は彼女が好きです。
③ 直接目的補語人称代名詞 le, la, les に置き換えられるのは、特定化されているもの、
　　例えば、定冠詞、指示形容詞、所有形容詞が付いているもの、あるいは固有名詞です。
　　　le pantalon　　**ce** pantalon　　**mon** pantalon　　**Luc**

17 間接目的補語人称代名詞（3人称）

間接目的補語とは、動詞の後に、前置詞 à を介して置かれた語句です。
　　- Je téléphone **à Marie**. 私はマリーに電話をします。（à Marie は、間接目的補語）

間接目的補語人称代名詞は、間接目的補語の繰り返しを避けるために使います。

① 位置：動詞の直前
　　A：Tu téléphones **à tes parents** ? ご両親に電話する？
　　B：Oui, je **leur** téléphone. はい、彼らに電話します。
② 形（3人称の場合）
　・単数形：lui（彼に、彼女に）
　　　Tu dis "Bonjour" **au directeur** ? → Tu **lui** dis "Bonjour" ? 彼に「こんにちは」と言う？
　　　J'envoie des e-mails **à Lucie**. → Je **lui** envoie des e-mails. 私は彼女にメールを送ります。
　・複数形：leur（彼らに、彼女たちに）
　　　Léo offre des fleurs **à ses amis**. → Léo **leur** offre des fleurs. レオは彼らに花を贈る。

18 中性代名詞 en

① en は、特定化されていないものを受けます。
例えば、部分冠詞 や不定冠詞、数量表現などがついているものです。

② en は、動詞の直前に入れます。

A : Tu veux **du thé** ? 紅茶いる？　B : Oui, j'**en** veux bien. ええ、欲しいわ。（部分冠詞 du が付いている）
A : Tu veux **des fraises** ? イチゴいる？ （不定冠詞 des がついている）
B : Oui, j'**en** veux bien. はい、欲しいです。
A : Vous avez acheté **1 kilo de pommes** ? りんご1キロ買いましたか？ （数量表現が付いている。）
B : Non, j'**en** ai acheté 2 kilos. いいえ、2キロ買いました。
　　　＊数量を表す表現は動詞の後に残します。

19 中性代名詞 y

① y は、場所を表す状況補語を受けます。
② y は、動詞の直前に入れます。

A : Vous allez au supermarché ?
B : Oui, j'**y** vais le samedi. / Non, je n'**y** vais pas. （au supermarché を置き換えています。）

20 主語 on

① 用法：
1) nous の代わり
Qu'est-ce qu'**on** fait demain ? 明日何する？
On va au musée Picasso ? ピカソ美術館に行こうか？

2)「人々は」の意味。特に主語を明言する必要のないときに使います。
On parle l'anglais et le français au Canada. カナダでは英語とフランス語を話します。

② 活用形：常に3人称単数形（il / elle と同じ活用形）
- On **mange** du riz au Japon. 日本ではお米を食べます。

21 国名、都市名の前の前置詞

en ＋ 女性形の国名、母音始まりの男性形の国名
J'habite **en** Chine. わたしは中国に住んでいます。 Il habite **en** Irak. 彼はイラクに住んでいます。
au ＋ 子音始まりの男性形の国名
Elles étudient **au** Brésil. 彼女たちはブラジルで勉強しています。
aux ＋ 複数形の国名
Vous travaillez **aux** États-Unis ? あなたはアメリカで働いているのですか？
à ＋ 都市名
Nous habitons **à** Lyon. 私たちはリヨンに住んでいます。

＊都市名には冠詞（le, la, les）が付かないので、常に à になります。

22 à＋定冠詞の縮約

à の後に定冠詞 le や les がくると、縮約が起こります。

前置詞 à と定冠詞の縮約		
à + le	→	au
à + la	→	à la
à + l'	→	à l'
à + les	→	aux

- Nous allons **au** restaurant. 私たちはレストランに行きます。
- Je vais **à la** poste. 私は郵便局に行きます。
- Il va **à l'**université. 彼は大学に行きます。
- Il va **aux** toilettes. 彼はトイレに行きます。

23 de＋定冠詞の縮約

de の後に定冠詞 le や les がくると、縮約が起こります。

前置詞 de と定冠詞の縮約		
de + le	→	du
de + la	→	de la
de + l'	→	de l'
de + les	→	des

- La cuisine est au fond **du** couloir. キッチンは廊下の奥にあります。
- Le séjour est à gauche **de la** cuisine. 居間はキッチンの左にあります。
- La chambre est à droite **de l'**entrée. 寝室は玄関の右にあります。
- La salle de bains est en face **des** toilettes. 浴室はトイレの向かいです。

24 近接未来（これから～する）

① これからすること、するつもりのことを表します。
② 作り方：aller の活用形 + 動詞の不定詞

- Je **vais faire** le ménage. 私はこれから掃除をします。
- Ils **vont arriver** à l'aéroport. 彼らはこれから空港に着きます。

25 近接過去（～したばかり）

① したばかりのことを表します。
② 作り方：venir de + 動詞の不定詞

- Je **viens de** lui téléphoner. 彼に電話したところだ。
- Nous **venons de** rentrer. 私たちは帰ってきたばかりだ。

26 進行形（今～しているところ）

① 今していることを表します。
② 作り方：être en train de + 動詞の不定詞

- Je **suis en train de** parler avec Marion. マリオンと話している最中です。
- Mathieu **est en train de** chercher sa clé. マティウは鍵を探しているところです。

27 複合過去

① 用法：過去の行為や出来事を語る。
② 作り方：助動詞 avoir もしくは être の現在形 ＋ 動詞の過去分詞

❶ avoir を使う場合

PARLER			
j'	ai parlé	nous avons parlé
tu	as parlé	vous avez parlé
il	a parlé	ils ont parlé

- J'ai fait une quiche. 私はキッシュを作った。
- Tu n'as pas invité Clara ? クララを招待しなかったの？

  ＊否定文の場合は、助動詞を ne と pas で挟みます。

❷ être を使う場合

ALLER			
je	suis allé(e)	nous sommes allé(e)s
tu	es allé(e)	vous êtes allé(e)(s)
il	est allé	ils sont allés
elle	est allée	elles sont allées

- **Charles** est devenu pianiste. シャルルはピアニストになった。
- **Marie** est sortie avec Louis. マリーはルイと出かけた。
- **Les étudiants** sont arrivés à l'heure.
  学生は時間通りに着いた。
- **Elles** ne sont pas rentrées tard.
  彼女たちは遅く帰らなかった。

1) 助動詞に être を使う場合、過去分詞は主語の性・数に一致させます。
2) 複合過去を作る時に助動詞 être を使う動詞は、移動を表す、若干の**自動詞**です。

être を使う動詞のリストを覚えましょう。

aller (allé) 行く	venir (venu) 来る	devenir (devenu) 〜になる
partir (parti) 出発する	arriver (arrivé) 到着する	revenir (revenu) 戻ってくる
entrer (entré) 入る	sortir (sorti) 出る	rentrer (rentré) 帰る
naître (né) 生まれる	mourir (mort) 死ぬ	rester (resté) とどまる

❸ 代名動詞の場合

SE LAVER（身体を洗う）			
je	me suis lavé(e)	nous nous sommes lavé(e)s
tu	t' es lavé(e)	vous vous êtes lavé(e)(s)
il	s' est lavé	ils se sont lavés
elle	s' est lavée	elles se sont lavées

1) 代名動詞の複合過去形には、**être** 助動詞を使います。
2) 助動詞 être は、再帰代名詞と過去分詞の間に入れます。
   - Laura s'**est** lavée ce matin. ロラは今朝身体を洗った。
3) 過去分詞は、主語の**性数に一致**します。
   - **Les musiciens** se sont reposés. 音楽家たちは休息をとった。
4) 否定文の場合、再帰代名詞と être を ne と pas で挟みます。
   - Les comédiennes **ne** se sont **pas** maquillées. 女優さんたちはお化粧をしなかった。

28 過去分詞の作り方

-er → -é	manger → mangé travailler → travaillé	donner → donné habiter → habité aimer → aimé	
-ir → -i	finir → fini choisir → choisi	dormir → dormi sentir → senti	
その他	être → été avoir → eu voir → vu vouloir → voulu pouvoir → pu	boire → bu attendre → attendu prendre → pris faire → fait offrir → offert	

29 半過去

① 用法：過去の状態、習慣、感想を言う。

② 作り方：

語幹	nous の現在形の活用から ons を取る nous chantons → chant	
語尾	je ____ ais nous ____ ions tu ____ ais vous ____ iez il / elle / on ____ ait ils / elles ____ aient	

aimer	nous **aim**ons → j'**aim**ais	
finir	nous **finiss**ons → je **finiss**ais	
sortir	nous **sort**ons → je **sort**ais	
avoir	nous **av**ons → j'**av**ais	

aller	nous **all**ons → j'**all**ais	
prendre	nous **pren**ons → je **pren**ais	
faire	nous **fais**ons → je **fais**ais	
vouloir	nous **voul**ons → je **voul**ais	

例外：

ÊTRE	
j' **étais**	nous **étions**
tu **étais**	vous **étiez**
il **était**	ils **étaient**

- Hier matin, il **faisait** beau. 昨日の朝は**晴れていた**。（過去の状態）
- Avant, j'**allais** à la mer avec mes parents. 以前は両親と海に**行っていた**ものだ。（過去の習慣）
- La Corse, c'**était** magnifique ！ コルシカ島は**素晴らしかった**。（過去の感想）

0 zéro	**1** un	**2** deux	**3** trois	**4** quatre	**5** cinq	**6** six	**7** sept	**8** huit	**9** neuf
10 dix	**11** onze	**12** douze	**13** treize	**14** quatorze	**15** quinze	**16** seize	**17** dix-sept	**18** dix-huit	**19** dix-neuf
20 vingt	**21** vingt et un	**22** vingt-deux	**23** vingt-trois	**24** vingt-quatre	**25** vingt-cinq	**26** vingt-six	**27** vingt-sept	**28** vingt-huit	**29** vingt-neuf
30 trente	**31** trente et un	**32** trente-deux	**33** trente-trois	**34** trente-quatre	**35** trente-cinq	**36** trente-six	**37** trente-sept	**38** trente-huit	**39** trente-neuf
40 quarante	**41** quarante et un	**42** quarante-deux	**43** quarante-trois	**44** quarante-quatre	**45** quarante-cinq	**46** quarante-six	**47** quarante-sept	**48** quarante-huit	**49** quarante-neuf
50 cinquante	**51** cinquante et un	**52** cinquante-deux	**53** cinquante-trois	**54** cinquante-quatre	**55** cinquante-cinq	**56** cinquante-six	**57** cinquante-sept	**58** cinquante-huit	**59** cinquante-neuf
60 soixante	**61** soixante et un	**62** soixante-deux	**63** soixante-trois	**64** soixante-quatre	**65** soixante-cinq	**66** soixante-six	**67** soixante-sept	**68** soixante-huit	**69** soixante-neuf
70 soixante-dix	**71** soixante et onze	**72** soixante-douze	**73** soixante-treize	**74** soixante-quatorze	**75** soixante-quinze	**76** soixante-seize	**77** soixante-dix-sept	**78** soixante-dix-huit	**79** soixante-dix-neuf
80 quatre-vingts	**81** quatre-vingt-un	**82** quatre-vingt-deux	**83** quatre-vingt-trois	**84** quatre-vingt-quatre	**85** quatre-vingt-cinq	**86** quatre-vingt-six	**87** quatre-vingt-sept	**88** quatre-vingt-huit	**89** quatre-vingt-neuf
90 quatre-vingt-dix	**91** quatre-vingt-onze	**92** quatre-vingt-douze	**93** quatre-vingt-treize	**94** quatre-vingt-quatorze	**95** quatre-vingt-quinze	**96** quatre-vingt-seize	**97** quatre-vingt-dix-sept	**98** quatre-vingt-dix-huit	**99** quatre-vingt-dix-neuf
100 cent	**200** deux cents	**300** trois cents	**400** quatre cents	**500** cinq cents	**600** six cents	**700** sept cents	**800** huit cents	**900** neuf cents	**1000** mille
2 000 deux mille	**6 000** six mille	**10 000** dix mille	**20 000** vingt mille	**100 000** cent mille	**200 000** deux cent mille	**1 000 000** un million	**100 000 000** cent millions	**1 000 000 000** un milliard	**100 000 000 000** cent milliards

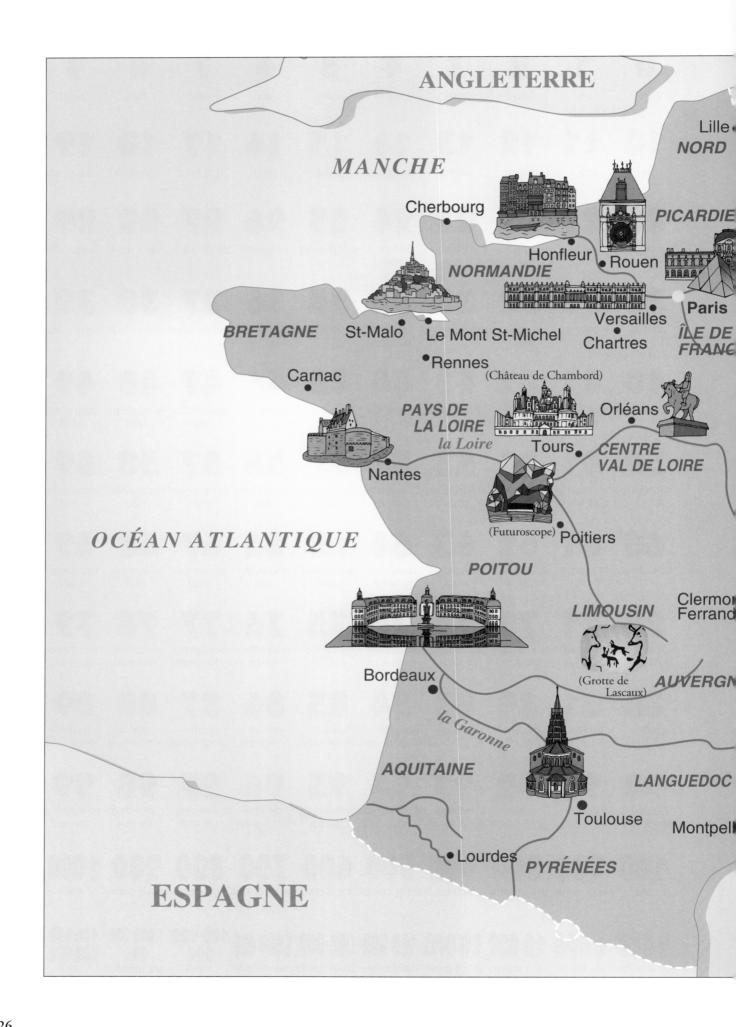

ANGLETERRE

MANCHE

Lille•

NORD

Cherbourg

PICARDIE

Honfleur

NORMANDIE

Rouen

Paris

Versailles

ÎLE DE
FRANCE

BRETAGNE

St-Malo

Le Mont St-Michel

Chartres

Rennes

(Château de Chambord)

Carnac

PAYS DE
LA LOIRE

Orléans

la Loire

Tours

CENTRE
VAL DE LOIRE

Nantes

OCÉAN ATLANTIQUE

(Futuroscope)

Poitiers

POITOU

Clermon
Ferrand

LIMOUSIN

Bordeaux

(Grotte de
Lascaux)

AUVERGN

la Garonne

AQUITAINE

LANGUEDOC

Toulouse

Montpell

Lourdes

PYRÉNÉES

ESPAGNE

FRANCE

ALLEMAGNE

BELGIQUE

LUXEMBOURG

•Reims

HAMPAGNE

LORRAINE

CARTE DE FRANCE

Strasbourg
•

ALSACE

la Seine

URGOGNE

*FRANCHE
COMTÉ*

Dijon•

Besançon
•

SUISSE

Chamonix
•

RHÔNE ALPES

Lyon•

Grenoble
•

ITALIE

le Rhône

Avignon
•

PROVENCE

ont du Gard)

CÔTE D'AZUR

MONACO

Arles•

Aix-en-Provence Nice•
•

Cannes
•

Marseille

CORSE

MER MÉDITERRANÉE

TRANSCRIPTIONS

Leçon 1

4c

1. Tu es japonais ?
2. Tu n'es pas étudiant ?
3. Tu habites à Tokyo ?
4. Tu ne prends pas le train ?
5. Tu sors avec tes amis ?
6. Tu ne chantes pas bien ?
7. Tu n'as pas 19 ans ?
8. Tu n'études pas le français ?

6b

Exemple : C'est par là ?
1. Vous venez ?
2. Au moins 12 heures.
3. Le voyage dure longtemps.
4. C'est à toi, ce sac ?
5. Ce n'est pas difficile ?
6. Ce n'est pas facile.
7. Il ne prend pas le bus le matin.

Leçon 2

2a

Exemple : C'est une chambre de 18 mètres carrés. Elle est orientée au sud.
Elle a vue sur le parc. Elle est agréable le matin.

1. C'est une chambre de 15 mètres carrés. Elle est orientée à l'est. Elle a vue sur la cour. Elle est agréable le matin. (dessin c)

2. C'est une chambre de 22 mètres carrés. Elle est orientée à l'ouest. Elle a vue sur la rue. Elle est agréable l'après-midi. (dessin b)

3. C'est une chambre de 27 mètres carrés. Elle est orientée au sud. Elle a vue sur le jardin. Elle est agréable toute la journée. (dessin a)

6b

1. quatrième
2. neuvième
3. vingtième
4. dix-huitième
5. trentième
6. treizième

Leçon 3

3c

1. A : Ça ne va pas ?
   B : Je ne dors pas beaucoup en ce moment. Je travaille, je travaille et je suis vraiment très fatigué.
   A : Tu as besoin de te reposer.
   B : Oui, tu as raison.

2. A : Ça ne va pas ?
   B : Non, j'ai eu F au test de maths.
   A : F ? Tu as besoin de bien réviser.
   B : Oui, tu as raison.

3. A : Ça ne va pas ?
   B : Non, j'ai un problème. Je voudrais partir en Suisse cet été mais je n'ai pas d'argent.
   A : Tu as besoin de trouver un travail.
   B : Oui, tu as raison.

4. A : Tu n'as pas grossi ?
   B : Si, j'ai pris 25 kilos.
   A : 25 kilos ? Ce n'est pas normal. Tu as besoin de voir un médecin.
   B : Non, j'ai juste besoin de faire un peu de sport.

Leçon 4

3b

1. Claire partira la semaine prochaine.
2. J'irai en Belgique en juin.
3. Nous ferons une fête.
4. Tu seras chez toi ce week-end ?
5. Ils prendront l'avion et pas le TGV.

3c

Kelly :
En août, j'irai en Normandie. Je ferai de la marche, je visiterai des monuments. Et puis je goûterai aux spécialités régionales. Je mangerai tous les jours au restaurant.

Yanis :
Moi, j'irai d'abord sur la Côte d'Azur dans la maison de mes parents. Je me baignerai tous les jours et je ferai de la voile. Ce sera super.

3e

Exemple :

A : Tu suivras des cours de français à partir de quand ?
B : À partir de demain.
A : Et pendant combien de temps ?
B : Pendant six mois.

1.
A : Tu seras en France à partir de quand ?
B : À partir de la semaine prochaine.
A : Et pendant combien de temps ?
B : Pendant un an.

2.
A : Tu feras un régime à partir de quand ?
B : À partir de lundi.
A : Et pendant combien de temps ?
B : Pendant deux semaines.

3.
A : Tu travailleras à l'étranger à partir de quand ?
B : À partir du mois prochain.
A : Et pendant combien de temps ?
B : Pendant deux ans.

4.
A : Tu étudieras à la fac à partir de quand ?
B : À partir de l'année prochaine.
A : Et pendant combien de temps ?
B : Pendant six mois.

5.
A : Tu prendras des médicaments à partir de quand ?
B : À partir de ce soir.
A : Et pendant combien de temps ?
B : Pendant une semaine.

3g

Clara : Au fait, dimanche, on partira à quelle heure ?
Vincent : Vers midi…
C : Mais non, la cérémonie de Marion commence à 14 heures. On ne sera pas à l'heure.
V : Ben, c'est à côté.
C : Vincent ! La Bretagne, ce n'est pas à côté.
V : En Bretagne ? Le mariage sera en Bretagne ? Je ne savais pas.
C : Mais je te l'ai dit trois fois.
V : Oui, ben ça va ! Ça va. On partira samedi alors.
C : Samedi ? Tu ne travailles pas ?
V : Non. On partira samedi matin, on dormira à l'hôtel.
C : On ira en train ?
V : Non, on prendra la voiture. Je préfère.
C : D'accord ! Mais tu conduiras.

Leçon 5

2

a. la directrice, le directeur
b. la secrétaire, le secrétaire
c. la signature, signer
d. le secrétariat
e. le dossier
f. la réunion
g. le formulaire
h. l'inscription

3e

1. Tu connais Marco ?
2. Tu prends le métro ?
3. Tu cherches ton smartphone ?
4. Tu parles à Jean ?
5. Tu écris à tes parents ?

4c

1. Tu as vu le secrétaire ?
2. Tu as pris ton sac ?
3. Tu as invité ton ami ?
4. Tu as téléphoné à François ?
5. Tu as parlé à ton directeur ?

Leçon 6

5d

1. *La Vierge aux rochers* est peinte par Léonard de Vinci au 15ᵉ siècle, entre 1483 et 1486. On voit la Vierge au centre, l'enfant Jésus à gauche, saint Jean-Baptiste à droite et un ange. Léonard de Vinci a fait deux versions dont une est dans le musée du Louvre à Paris et l'autre au National Gallery de Londres. Ce tableau, devant vous, est la version qui se trouve au musée du Louvre.

2. Ce tableau est un des sept tableaux intitulés *Les Tournesols* peints à Arles par Vincent van Gogh. Ce tableau, qui montre quinze tournesols dans un vase, a été peint en janvier 1889. Yasuo Goto de l'assurance Sompo Japan l'a acheté pour cinq milliards de yens en 1987 et le tableau se trouve actuellement au Musée d'art Sompo à Tokyo.

3. Ce tableau, intitulé *La Tristesse du Roi,* est peint en 1952 par Henri Matisse. Il fait partie de la collection du Centre Georges Pompidou. Le peintre Matisse est appelé « le magicien des couleurs. » Il utilise beaucoup de couleurs vives. Ce tableau est son dernier autoportrait. Matisse y apparait comme la forme noire au centre.

Bilan 1

8

1. Tu donnes ton numéro de téléphone à tes amis ?
2. Tu n'écris pas à tes parents ?
3. Tu n'as pas envoyé les fichiers à ta collègue ?
4. Tu parles à tes voisins ?
5. Tu ne téléphones pas à ton ami ?

10

1. Ces formulaires, elle les a signés ce matin.
2. L'année prochaine, j'irai en Bretagne et je ferai du tourisme.

Leçon 7

2

1. Je dois réviser. J'ai un examen demain.
2. Pauline organise une fête pour l'anniversaire de son ami.
3. Vous avez écrit le rapport ?
4. Ça y est ! J'y suis enfin arrivée !
5. Tu peux ranger tes affaires, s'il te plaît ?
6. Je n'aime pas parler de politique.
7. Tu as terminé ton exposé ? Non, je ne l'ai pas fini.
8. Attends, je dois chercher des renseignements.

5d

1. Nous y allons en train.
2. J'en parle souvent.
3. Oui, je le pense.
4. Tu y arriveras. J'en suis certain.

6d

1. Je veux le prendre.
2. Je ne veux pas le prendre.
3. Tu veux le dire ?
4. Non, je ne veux pas le dire.
5. Il veut en parler ?
6. Oui, il veut en parler.
7. Non, il ne veut pas en parler.
8. Vous devez y aller ?
9. Oui, nous devons y aller.
10. Non, nous ne devons pas y aller.

Leçon 8

3e

1. Prends les œufs. Bats-les bien. Ajoute un peu de lait et verse dans la poêle.
   Voilà. Mets un peu de sel et du poivre !
2. Lave les légumes et coupe-les en morceaux. Mets les légumes dans une cocotte et fais-les cuire.

Ajoute la viande. Prépare la semoule et mets la viande et les légumes sur la semoule.

3. Prépare la pâte et laisse-la reposer pendant une heure. Ensuite, casse les œufs, bats et ajoute le lait. Mélange le lait et les œufs, ajoute le sel, le poivre et le jambon.
   Ensuite étale la pâte dans un plat, mets la préparation sur la pâte. Ensuite mets le plat dans le four.
4. Fais cuire les œufs pendant 14 minutes. Coupe les tomates, l'avocat et la salade en morceaux. Mets tout dans un plat, mélange et ajoute de l'huile, du vinaigre, du sel et du poivre.

4d

Passe-moi la cocotte qui est sous la table. Passe-moi la bouteille qui est dans le frigo. Passe-moi le couteau et la fourchette qui sont dans le sac. Passe-moi les carottes qui sont sur le frigo. Passe-moi le poisson qui est dans la poêle. Passe-moi le verre qui est sur la table. Passe-moi les herbes qui sont dans le bol.

Leçon 9

3f

1. Ça, c'est le livre dont j'ai besoin pour mon cours de français.
2. Ça, c'est le maquillage que j'ai acheté hier.
3. Ça, c'est la robe dont j'ai envie pour aller à la fête d'Enzo.
4. Ça, c'est la carte que j'utilise pour prendre le métro.
5. Ça, c'est la maison où j'ai habité en France.

5a

1. l'histoire	2. l'hôtel	3. le huitième
4. le haut	5. la Hollande	6. l'homme
7. le harcèlement	8. le hamburger	9. l'hôpital
10. le haricot	11. le hamster	12. l'habitant
13. le héros	14. la harpe	15. le hamac

Leçon 10

3b

Dialogue 1
- J'ai un problème.
- Que se passe-t-il ?
- Je voudrais trouver une école primaire pour ma fille... et je ne sais pas comment faire.
- Il faudrait aller à la mairie.
- Tu crois ?
- Oui, c'est le plus simple.

Dialogue 2
- Oh là là...

- Que se passe-t-il ?
- J'aimerais ouvrir un compte, mais c'est trop compliqué. Je ne sais pas comment faire.
- Tu devrais aller directement à la banque.
- Tu crois ?
- Oui, c'est le plus simple.

Dialogue 3
- Aie aie aie...
- Que se passe-t-il ?
- Je voudrais envoyer ce colis avant ce soir, mais je ne sais pas comment faire.
- Il faudrait aller à la Poste, non ?
- Tu crois ?
- Oui, c'est le plus rapide.

Dialogue 4
- Pfff...
- Que se passe-t-il ?
- Je voudrais trouver un travail, mais je ne sais pas comment faire.
- Tu devrais aller à Pôle emploi. Ils pourraient t'aider.
- Tu crois ?
- Oui, c'est le plus efficace.

Dialogue 5
- J'ai un problème.
- Que se passe-t-il ?
- J'aimerais échanger un billet de train, mais je ne sais pas comment faire. C'est compliqué en ligne.
- Tu devrais aller directement à la gare.
- Tu crois ?
- Oui, c'est le plus facile.

Dialogue 6
- Pfff...
- Que se passe-t-il ?
- Je voudrais acheter des vêtements mais je ne sais pas où aller.
- Tu devrais aller dans les grands magasins. Aux Galeries Lafayette par exemple.
- Tu crois ?
- Oui, c'est le plus simple et le magasin est très beau.

Leçon 11

2g

1. À ta place, j'aurais présenté le document aux collègues.
2. Si j'avais su, j'aurais pris un parapluie.
3. Marie est végane ? Elle aurait dû me le dire, je n'aurais pas préparé de quiche.
4. Tu aurais dû te lever plus tôt pour prendre le train de 7 heures.

3c

Exemple : A : Tu prends ce gâteau au chocolat ?
B : Non, c'est cette tarte aux fraises que je prends.

1. A : Tu étudies le russe ?
   B : Non, c'est le français que j'étudie.
2. A : Tu prends le bain le matin ?
   B : Non, c'est le soir que je prends le bain.
3. A : Tu te couches à 10 heures du soir ?
   B : Non, c'est à minuit que je me couche.
4. A : Tu aimes le rap ?
   B : Non, c'est la musique pop que j'aime.
5. A : Tu fais la cuisine chez toi ?
   B : Non, c'est mon mari qui fait la cuisine.

Leçon 12

2d

Les produits français qui se vendent le mieux à l'étranger ? Bien sûr, on pense au luxe, au parfum ou bien au champagne. Mais il y a aussi les produits laitiers comme le fromage et notre célèbre camembert dégusté aux quatre coins du monde. Les entreprises françaises sont aussi très présentes dans le domaine de la papeterie. Le stylo Bic par exemple est vendu jusqu'au Japon.
Et puis, il y a des domaines moins connus. Saviez-vous par exemple que l'entreprise française Beneteau est leader mondial dans la construction de voilier ?

4b

La préfecture de l'Île-de-France, c'est Paris. Strasbourg est la préfecture du Grand Est. La préfecture des Hauts-de-France, c'est Lille. La préfecture de la Normandie, c'est Rouen. La préfecture de la Bretagne est Rennes. Nantes est la préfecture des Pays de la Loire. La préfecture du Centre-Val de Loire, c'est Orléans. La préfecture de Bourgogne-Franche-Comté, c'est Dijon. La préfecture d'Auvergne-Rhône-Alpes est Lyon. Bordeaux est la préfecture de la Nouvelle-Aquitaine. La préfecture de l'Occitanie, c'est Toulouse. La préfecture de Provence-Alpes-Côte d'Azur, c'est Marseille. La préfecture de la Corse est Ajaccio.

Leçon 13

2a

Éric : C'est quoi tout ça ?
Nana: Ce sont des notes que j'ai prises aujourd'hui.
Éric : Mais il n'y a que des sigles ?
Nana: Oui, c'est un devoir que mon prof de français nous a donné. On doit noter le maximum de sigles. Mais je ne sais pas comment ça se lit et puis je n'en comprends pas le sens.
Éric : Attends, je vais t'aider. Ça, c'est HLM, ça signifie Habitation au Loyer Modéré.
Nana: On dit un ou une HLM ?
Éric : Une HLM. Là, c'est JT. Le JT, c'est le journal télévisé. Et ça c'est CDD.

Le CDD, c'est un contrat à durée déterminée.

Nana: Et le CDI ?

Éric : C'est un contrat à durée indéterminée.

Nana: C'est mieux ?

Éric : Oui, en général.

Nana: Ah oui, j'ai une autre question. Tu lis ça comment ?

Éric : FBI.

Nana: Tu ne dis pas FBI ?

Éric : Non, c'est américain. On dit aussi BBC ou MTV !

Nana: Oui, alors pourquoi on dit CIA ?

Éric : CIA… Euh… oui, là tu me poses une colle.

Nana: Ce n'est pas logique !

Éric : Oui, eh bien, c'est comme ça !

`3b`

1. À la plage, on bronze et on marche avec des tongs.
2. Mon oncle et mon cousin habitent une maison confortable avec des balcons.

Leçon 14

`3e`

A : Salut Christian, ça te dit d'aller à une conférence sur l'histoire de l'art demain ?

B : Oh, j'aimerais bien… mais je suis pris demain. Le matin, il faut que j'assiste à la réunion de mon club à 10 h. Et à midi, il faut que je voie mon prof d'histoire.

A : Mais la conférence, c'est dans l'après-midi à 3 h.

B : L'après-midi aussi je suis très occupé. J'ai un examen de latin à 2 h. Il faut que je révise bien avant. Et après l'examen, il faut que je parte à 3 heures et demie pour aller chercher mes parents à l'aéroport. Ils arrivent de Marseille à 5 h.

A : Et le soir, il faut que tu les emmènes au restaurant, c'est ça ?

B : Exactement.

`5b`

1. Les enfants entrent dans la salle trente.
2. L'ambassade de France est en face de la banque.

Leçon 15

`3d`

Louis, aujourd'hui, nous allons chez papy et mamie. C'est dommage qu'il ne fasse pas beau, mais enfin, ce n'est pas grave, nous irons en voiture. Il faut qu'on parte à neuf heures. Je suis sûre qu'ils seront ravis de te voir. N'oublie pas d'apporter les photos qu'on a prises la semaine dernière. Je veux que tu sois souriant et de bonne humeur. Je ne pense pas qu'on puisse rentrer à la maison avant huit heures. Tu peux apporter des livres si tu veux.

`3e`

1. Tu as fais du sport ? Il faut que tu prennes la douche alors.
2. J'aimerais que vous alliez à la banque d'abord. Ça ferme assez tôt l'après-midi.
3. A : Marc ne peut pas venir.
   B : Je sais. Je suis désolé qu'il soit malade.
4. Aujourd'hui, c'est la fête du sport. Je suis heureux qu'il fasse beau.

`5b`

1. À la fin, le lapin avait très faim.
2. J'écoute la symphonie numéro cinq dans le bain.

Leçon 16

`2c`

1. J'ai appris l'espagnol en écoutant des podcasts.
2. Ma mère fait la cuisine en chantant.
3. Il a fondé une entreprise tout en étant étudiant.
4. Aujourd'hui, nous pouvons travailler en restant chez nous.
5. Marco, il est interdit de manipuler le smartphone en mangeant.

`6b`

1. Je vais au restaurant après l'opéra.
2. Mon beau-père a visité beaucoup de châteaux.

Leçon 17

`2c`

A : Tu as vu **quelqu'un** aujourd'hui ?

B : Non, je **n'**ai vu **personne**.

A : Tu es allée **quelque part** ?

B : Non, je **ne** suis allée **nulle part**.

A : Tu as mangé **quelque chose** ?

B : Non, je **n'**ai **rien** mangé.

`2f`

1.

F : Que se passe-t-il ?

H: J'ai vu un truc bizarre.

F : Où ?

H: Là, devant nous.

2.

H: Tu as fait quoi hier ?

F : Rien. Je suis restée chez moi.

H: Tu n'es pas sortie ?

F : Non, je ne suis allée nulle part. Pourquoi ?

3.

H : J'ai vu Franck, hier.

F : Tu lui as dit quelque chose ?

H : Non, je ne lui ai rien dit.

4.

F : Vous avez vu quelqu'un ce matin ?

H : Oui, j'ai vu le directeur.

2g

1. Est-ce qu'il a vu quelque chose ?
2. a. Est-ce qu'elle a fait quelque chose ?
   b. Est-ce qu'elle est allée quelque part ?
3. a. Est-ce qu'il a vu quelqu'un ?
   b. Est-ce qu'il a dit quelque chose à Franck ?
4. Est-ce qu'il a vu quelqu'un ce matin ?

6b

1. Il neige et il fait froid.
2. Mes frères Léo et Emmanuel rentrent en décembre pour fêter Noël.

Leçon 18

5d

Personne 1 :

A : Pour moi, Noël ? C'est juste une fête commerciale. Pff... Les gens achètent, achètent et achètent encore. Ils dépensent de l'argent stupidement alors qu'il y a des gens malheureux dans la rue. Noël ? C'est la fête des égoïstes. Les gens font des cadeaux mais en réalité, c'est juste de l'autosatisfaction. Ils veulent juste qu'on leur dise merci pour leur cadeau.

B : Vous avez des enfants ?

A : Non ! Je vis seule et je suis très heureuse comme ça !

Personne 2 :

J'aime Noël, pour moi, c'est la fête la plus importante de l'année. Pourquoi j'aime Noël ? Et bien d'abord parce que c'est une fête de famille. Mes enfants, mes petits-enfants viennent me voir. Je prépare un festin, on se fait des cadeaux. Et puis j'aime les illuminations. J'aime me promener dans Paris à ce moment de l'année, c'est... féérique.

Leçon 19

3c

Exemple : Elle est arrivée à huit heures.

a. Mon frère a visité le musée.
b. La loi est discutée par les députés.
c. La police est arrivée devant la gare.
d. Le directeur a signé le document.
e. Ce journal est lu par des millions de personnes.

3e

Voici quelques événements importants à mémoriser :

1. John Logie Baird invente la télévision en 1924.
2. Antoine de Saint-Exupéry publie « le Petit Prince » en 1943.
3. Louis Pasteur découvre la pasteurisation en 1865.
4. La bastille a été prise en 1789.

3f

1. Que s'est-il passé en 1789 ?
2. Que s'est-il passé en 1943 ?
3. Que s'est-il passé en 1865 ?
4. Que s'est-il passé en 1924 ?

5b

1. Sylvain lit un livre sur l'Italie.
2. Au lycée, Simon faisait de la gym.

Leçon 20

2e

Exemple : J'ai perdu le stylo que tu m'avais prêté.

a. Paul a oublié le document qu'il avait préparé.
b. Cécile a apporté le parasol qu'elle avait acheté.
c. Je t'avais averti, mais tu ne m'as pas écouté.
d. Quand il a téléphoné, Marie s'était déjà couchée.

3c

1. Ne sois pas distrait. Tu as encore tout oublié.
2. Ne soyez pas pessimiste. Vous allez y arriver.
3. Sois moins bruyant. Ton père dort encore.
4. Sois plus patient ! Attends un peu, ça va s'arranger.

6b

1. C'est une leçon très simple et facile.
2. J'ai bien reçu ton dossier sur les sciences sociales.

Leçon 21

5b

1. Dans ce musée, il y a treize zèbres en bronze.
2. Pendant la saison des pluies, en Asie, on ne met pas de blouson.

Leçon 22

2e

Eva est la baby-sitter de Lucien 8 ans, Élise 5 ans et Ludovic 4 ans. Elle va chercher les enfants à l'école à 4 heures et demie. En rentrant à la maison, elle les laisse jouer librement dans le jardin. À 6 heures, elle fait réviser les cours à Lucien. Elle l'aide aussi à faire ses devoirs. Elle laisse jouer Élise et Ludovic dans le séjour. À 7 heures, elle fait manger les enfants. Pendant le repas, elle ne les laisse pas regarder la télé. Ils parlent beaucoup en mangeant. Après le repas, elle fait prendre le bain aux enfants.

6b

1. Dans la journée, on dit bonjour.
2. Gilles et Jules font de la gymnastique le jeudi.

Leçon 23

2c

marchand : Bonjour, vous désirez ?
cliente   : Je vais prendre des pommes.
marchand : Je vous en mets combien ?
cliente   : Vous m'en mettez deux kilos.
marchand : Vous voulez autre chose ?
cliente   : Oui, des oignons...
marchand : Je vous en mets combien ?
cliente   : Donnez-m'en un kilo.

2j

1. A : Dimanche, Paul a acheté des fleurs à sa mère.
   B : Pour quelle raison ?
   A : Il lui en a acheté pour la fête des mères.

2. A : Hier, mon frère m'a offert du chocolat.
   B : Il t'en a offert pour ton anniversaire ?
   A : Oui, pour mes 20 ans.

3. A : Xavier, regarde ces boucles d'oreilles. Elles sont belles !
   B : Emma, tu veux que je te les achète ? C'est bientôt la Saint-Valentin.
   A : Que tu es mignon !

4. A : Julien a donné des jouets à son fils.
   B : À Noël ?
   A : Non, juste comme ça.

4b

1. Guillaume est fatigué de jouer de la guitare.
2. Gaspard et Grégoire ont mal à la gorge.

Leçon 24

5d

Taken est un thriller français sorti en 2008. Le film a été réalisé par le réalisateur français Pierre Morel. Il s'agit du premier volet de la trilogie du même nom. Les acteurs principaux sont Liam Neeson, Famke Janssen et Maggie Grace. Le film raconte l'histoire d'un ancien agent secret, qui assiste au téléphone à l'enlèvement de sa fille. Il mettra moins de 96 heures pour la retrouver.

Film de science-fiction américain, *E.T., l'extraterrestre* est sorti en1982.
Il a été réalisé par Steven Spielberg. Les acteurs principaux sont Pat Welsh et Henry Thomas. Le film raconte l'histoire d'Elliott, un petit garçon solitaire qui devient ami avec E.T. l'extraterrestre.

Lucy est un film de science-fiction français sorti en 2014. Il a été réalisé par Luc Besson. Les acteurs principaux sont Scarlett Johansson et Morgan Freeman. Le film raconte l'histoire d'une expérience scientifique sur une étudiante de 25 ans, Lucy. Une expérience qui développera extraordinairement ses capacités intellectuelles.

QUESTIONS :
1. Que raconte l'histoire de *Taken* ?
2. *E.T.* est sorti en quelle année ?
3. Qui est Lucy ?
4. Quel est le genre du film *Lucy* ?

Bilan 4

9

1. Ma mère nous laissait jouer librement dans le jardin.
2. Je te laisse réfléchir.
3. Ce film m'a fait pleurer.
4. La meilleure chose est de laisser les enfants s'épanouir sans écran.
5. Mon professeur nous faisait réciter des poèmes.

写真クレジット一覧（順不同）

bellena / Shutterstock.com, MarinaD_37 / Shutterstock.com, Marina Zezelina / Shutterstock.com, FranciscoJGA / Shutterstock.com, Anton_Ivanov / Shutterstock.com, Christian Bertrand / Shutterstock.com, Pavel L Photo and Video / Shutterstock.com, andrewtit / Shutterstock.com, Luboslav Tiles / Shutterstock.com, Featureflash Photo Agency / Shutterstock.com, Denis Kuvaev / Shutterstock.com, DreamSlamStudio / Shutterstock.com, LANAPhotography / Shutterstock.com, HUANG Zheng / Shutterstock.com, V_E / Shutterstock.com, medvedsky.kz / Shutterstock.com, Sebastien DURAND / Shutterstock.com, page frederique / Shutterstock.com, Dmitry Br / Shutterstock.com, Alexander Mak / Shutterstock.com, Roka / Shutterstock.com, hurricanehank / Shutterstock.com, pisaphotography / Shutterstock.com, Alexandros Michailidis / Shutterstock.com, Rrrainbow / Shutterstock.com, ricochet64 / Shutterstock.com, ricochet64 / Shutterstock.com, walter_g / Shutterstock.com, Fotos593 / Shutterstock.com, Massimo Santi / Shutterstock.com, Thomas0725 / Shutterstock.com, pixinoo / Shutterstock.com
写真：ZUMA Press/ アフロ (p. 28), 写真：Album/ アフロ (p. 104), 写真：Collection Christophel/ アフロ (p. 107), 写真：Everett Collection/ アフロ (p. 107)

マエストロ 2　実践フランス語　中級

検印省略　　©2021年1月15日　初版発行

著　者　Durrenberger Vincent
北村亜矢子

発行者　原　雅久

発行所　株式会社　朝日出版社
〒101-0065 東京都千代田区西神田 3-3-5
電話　(03) 3239-0271/72
振替口座　00140-2-46008
http://www.asahipress.com/
メディアアート／図書印刷

乱丁・落丁本はお取り替えいたします
ISBN 978-4-255-35320-3 C1085

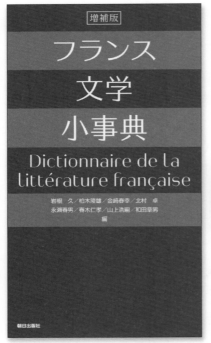